江苏省示范性高职院校建设成果
职业院校电子类专业规划教材

电子产品品质管控

主　编　周步新　孙　岚
副主编　孟桂芳　吴冬燕

电子工业出版社
Publishing House of Electronics Industry
北京·BEIJING

内 容 简 介

电子产品品质管控课程是应用电子技术专业的一门专业核心课程,课程立足于电子产品的品质管控岗位所需要的基本能力,课程内容选择以实际能力培养为标准,打破以知识传授为主要特征的传统学科课程模式,转变为以工作任务为中心组织课程内容和课程教学,让学生在完成具体项目的过程中来构建相关理论知识,并发展职业能力。

本课程内容突出对学生职业能力的训练,理论知识的选取紧紧围绕工作任务完成的需要来进行,同时又充分考虑了高等职业教育对理论知识学习的需要,并引进了"ISO9000 内审员资格认证"和"音视频设备(电磁兼容)国家职业资格认证",融合了职业资格证书对知识、技能和态度的要求。项目课程以电子元器件和电子整机为例,根据电子产品的品质管控所需的基本技能,即原料检测(IQC)、供应商质量管控、制程管控、出货检验(OQC)、产品认证、质量体系的维护、品质事件处理等,以"电子元器件检测和电子整机测试"为载体,总结电子产品品质管控的一般规律,以循序渐进的方式使学生获得比较完整的电子产品品质管控的基本能力,具备从事企业电子产品品质管控的职业能力。

未经许可,不得以任何方式复制或抄袭本书之部分或全部内容。
版权所有,侵权必究。

图书在版编目(CIP)数据

电子产品品质管控/周步新,孙岚主编. --北京:电子工业出版社,2016.6
ISBN 978-7-121-29049-7

Ⅰ. ①电… Ⅱ. ①周… ②孙… Ⅲ. ①电子产品-质量管理-高等学校-教材 Ⅳ. ①F407.636.3

中国版本图书馆 CIP 数据核字(2016)第 131866 号

策划编辑:贺志洪
责任编辑:贺志洪　　　　　　　　　特约编辑:徐　塱　薛　阳
印　　刷:三河市华成印务有限公司
装　　订:三河市华成印务有限公司
出版发行:电子工业出版社
　　　　　北京市海淀区万寿路 173 信箱　邮编　100036
开　　本:787×1092　1/16　印张:12　字数:307.2 千字
版　　次:2016 年 6 月第 1 版
印　　次:2016 年 6 月第 1 次印刷
定　　价:33.00 元

凡所购买电子工业出版社图书有缺损问题,请向购买书店调换,若书店售缺,请与本社发行部联系,联系及邮购电话:(010)88254888。
质量投诉请发邮件至 zlts@phei.com.cn,盗版侵权举报请发邮件至 dbqq@phei.com.cn。
服务热线:(010)88258888。

前言 FOREWORD

电子产品品质管控课程是应用电子技术专业的一门专业核心课程。课程立足于电子产品的品质管控岗位所需要的基本能力,课程内容选择以实际能力培养为标准,打破以知识传授为主要特征的传统学科课程模式,转变为以工作任务为中心组织课程内容和课程教学,让学生在完成具体项目的过程中来构建相关理论知识,并发展职业能力。

本课程内容突出对学生职业能力的训练,理论知识的选取紧紧围绕工作任务完成的需要来进行,同时又充分考虑了高等职业教育对理论知识学习的需要,并引进了"ISO9000 内审员资格认证"和"音视频设备(电磁兼容)国家职业资格认证",融合了职业资格证书对知识、技能和态度的要求。项目课程以电子元器件和电子整机为例,根据电子产品的品质管控所需的基本技能,即原料检测(IQC)、供应商质量管控、制程管控、出货检验(OQC)、产品认证、质量体系的维护、品质事件处理等,以"电子元器件检测和电子整机测试"为载体,总结电子产品品质管控的一般规律,以循序渐进的方式使学生获得比较完整的电子产品品质管控的基本能力,具备从事企业电子产品品质管控的职业能力。

为适应品质管控所需要的知识和技能,培养品质管控管理人才,在经过行业现状调研,听取行业、企业人员意见和建议,整合课程改革资源,特编此教材。

教材由多位负责课程教学的专业老师和企业资深工程师共同开发完成,保证知识能力体系的前瞻性和实用性;培养突出职业性和应用性。

教材编写人员有周步新、孙岚、孟桂芳、吴冬燕。在此特别感谢苏州电子产品检验所高级工程师袁志敏,晨明光电(苏州)有限公司工程部经理常诚,苏州井利电子有限公司品管部部长向绍平以及张家港康得新光电材料有限公司质量主管何春梅的全程参与,在知识和技术上给予指导。在编写此教材的过程中,还得到了同行教师以及其他人士的大力支持,在此表示感谢!

由于时间仓促,编者水平有限,有错误或不当之处,恳请同行专家和读者批评指正。

编 者

目录 CONTENTS

概述 ·· 1

项目1 进料品管 IQC ·· 5

  1.1 进料品管 IQC 基础 ·· 5
    1.1.1 IQC 概述 ·· 6
    1.1.2 IQC 的工作方法 ·· 7
  1.2 IQC 进料检验 ·· 10
    1.2.1 IQC 进料检验要求 ·· 10
    1.2.2 IQC 的检验方式 ··· 11
    1.2.3 检查结果的处理 ·· 15
  1.3 统计原理 ·· 15
    1.3.1 办公自动化 ··· 15
    1.3.2 SPC 原理 ··· 18
  技能训练1：IQC 进料检验管控技能训练 ·· 20

项目2 供应商质量管控 ·· 24

  2.1 质量管理的基础知识 ·· 24
    2.1.1 质量管理四项基本原则 ·· 24
    2.1.2 质量管理的定义 ·· 25
    2.1.3 全面质量管理 ··· 26
  2.2 供应商质量管控 ··· 28
    2.2.1 供应商管控的作用 ··· 28
    2.2.2 供应商的选择 ··· 28
    2.2.3 供应商的管理 ··· 30
  2.3 供应商审核体系 ··· 33
    2.3.1 供应商审核概述 ·· 33
    2.3.2 供应商认可审核 ·· 34

  2.3.3　供应商质量体系审核 ………………………………………………… 34
 技能训练2：供应商质量管控方法技能训练 ……………………………………… 39
  一、供应商考评实施 ………………………………………………………… 39
  二、供应商考评指标实施细则（设计实施细则表格） …………………… 39

项目3　制造过程质量管控 …………………………………………………………… 41

 3.1　过程质量管控PQC的基本概念与过程 ……………………………………… 41
  3.1.1　制造过程质量管控的基本概念 ……………………………………… 41
  3.1.2　制造过程质量管控的现场管理 ……………………………………… 42
 3.2　ESD的基本知识与防护 ……………………………………………………… 45
  3.2.1　静电放电的形成途径 ………………………………………………… 45
  3.2.2　静电放电防护 ………………………………………………………… 48
 3.3　制程管控的工具 ……………………………………………………………… 54
  3.3.1　标准作业程序基本概念 ……………………………………………… 54
  3.3.2　标准作业指导书建设案例 …………………………………………… 58
  3.3.3　小常识 ………………………………………………………………… 73
 技能训练3：编写作业指导书技能训练 …………………………………………… 79

项目4　出货品质管理OQC ………………………………………………………… 84

 4.1　出货检验OQC ………………………………………………………………… 84
  4.1.1　出货检验OQC基本概念 …………………………………………… 85
  4.1.2　OQC作业标准 ……………………………………………………… 86
 4.2　品管七大手法 ………………………………………………………………… 88
  4.2.1　品管七大手法的概念 ………………………………………………… 88
  4.2.2　品管七大手法的应用 ………………………………………………… 88
 4.3　统计与测量工具 ……………………………………………………………… 97
  4.3.1　Minitab统计工具介绍 ……………………………………………… 97
  4.3.2　功率计测量工具简介 ………………………………………………… 99
 技能训练4 …………………………………………………………………………… 102

项目5　电子产品认证 ………………………………………………………………… 103

 5.1　CCC认证基本内容、流程 …………………………………………………… 103
  5.1.1　CCC认证基本内容 ………………………………………………… 103
  5.1.2　CCC认证流程 ……………………………………………………… 105
 5.2　国际认证基本内容、流程 …………………………………………………… 106
  5.2.1　国际认证基本内容 …………………………………………………… 106
  5.2.2　国际认证流程 ………………………………………………………… 112
 5.3　电磁兼容 ……………………………………………………………………… 113
  5.3.1　EMC的基本内容 …………………………………………………… 113

  5.3.2 EMC 测试项目 …………………………………………………… 117
 技能训练 5：EMC 测试项目案例 …………………………………………… 119

项目 6 质量体系的维护 ……………………………………………………… 126

 6.1 精益生产系统 ……………………………………………………………… 126
  6.1.1 精益生产基本概念 …………………………………………… 126
  6.1.2 精益生产作业管理 …………………………………………… 127
 6.2 质量管理体系基础 ………………………………………………………… 132
  6.2.1 质量管理体系基本内容 ……………………………………… 132
  6.2.2 ISO9000/9001 质量管理体系基本内容 …………………… 135
 技能训练 6：TPS 作业管理技能训练 ……………………………………… 137

项目 7 品质事件处理 …………………………………………………………… 138

 7.1 品质异常处理的基础知识 ………………………………………………… 138
 7.2 公司对各异常事件的处理流程 …………………………………………… 139
 技能训练 7：企业品质事件处理案例分析 ………………………………… 143

附录 …………………………………………………………………………………… 145

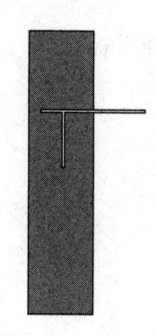

概　　述

1. 什么是品质管控

（1）认识品质。品质有狭义与广义之分。狭义的品质仅指企业产生输出面所具有的品质，如产品质量、服务质量等。而广义的品质除狭义的品质外，还包括企业及其人员的品质，如企业形象、企业文化、人文状态等。

（2）品质是一组固有特性满足要求的程度，满足要求的程度越高，品质就越好。

（3）品质管理：就是通过采取具体的措施或建立并完善管理体系制度等方法，促使产品品质符合标准，比如，常见的检验、监督、纠正与预防措施和标准化等。

（4）控制品质：就是通过设定某种品质活动来确保过程按照预定的方向发展，不仅要保持品管结果向上，还要做到持续改善，如建立控制系统、使用控制工具等。

（5）品质保证：通过运用多种手段，从研发设计开始，贯穿整个设计、采购、生产、销售全过程，确保设计产品时、生产产品时、采购相关部件时以及销售产品时，都能够满足最初的品质要求。

2. 品质管控的两大要素

品质管控的两大要素：一是会使用品管工具，二是掌握产品标准。示意图如图 1.1 所示。

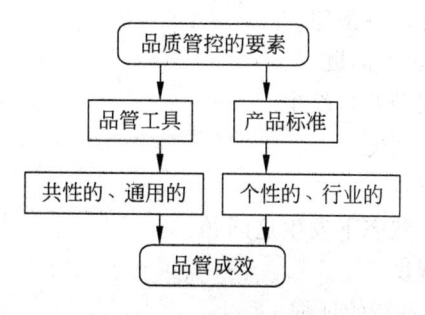

图 1.1　品质管控的要素

3. 品管会议

（1）会议功能。品管会议的一个显著特点就是会议多。会议层面多，类别多，议论的事

情也多,就拿品管部门来说,部门内部每个星期开好几次会,部门之间要开会,还经常被客户通知开会。其功能如下:
- 搭建平台,让员工有发言机会,群策群力发挥团队的能力已解决问题。
- 当面承诺,有利于现场解决问题。
- 直接沟通信息,快捷传递要求。
- 增强组织意识,消除逆反心理。
- 增强领导意识,利于统一行动。
- 促进人员交流,利于团队建设。
- 品管会议本身是一种很好的品管工具。

(2) 常见的品管会议种类
- 公司级会议:讨论公司全体事务的会议,如管理评审会议、顾客评审的检讨会等。
- 部门会议:部门内部的工作会议,如品质检讨会、员工建议会等。
- 例会:定期举行的会议,如早会、晚会、周会、月会、班组会、年度总结会等。
- 协调性会议:为协调工作或达成一致意见而举行的会议,如核心小组联络会、跨部门工作会议、多方论证会议等。
- 报告会议:报告进展状态或结果的会议,如业务业绩报告会。
- 临时会议:临时发生的会议,如品质事故检讨会。

(3) 开好品管会议的方法

为了确保能开好品管会议,我们有必要做好如下事情:

① 会议必须目的明确,动机清楚。
② 关键要做好会前的准备工作。
③ 确保参会人员准时到达,杜绝迟到、缺席。
④ 会议中主持人的引导很重要,确保不会跑题或失控。
⑤ 限定会议议程表/主要事项,热点问题等。
⑥ 注意控制时间、进程、气氛等。
⑦ 会议不是社交场所,杜绝东家长西家短之类的话题。
⑧ 要确定好会议决议的落实,如改善措施?怎么实施?由谁负责?何时完成?要求遵循 5W2H 原则,即 Who、What、When、Where、Why、How、How much。
- 何人:识别哪一个客户在抱怨。
- 何事:适当、精确地识别问题。
- 何时:从什么时候问题开始发生。
- 何地:什么地方发生问题。
- 为何:识别已知的解释。
- 如何:在什么模式或状态下发生这问题。
- 多少:量化问题的程度。

⑨ 要有会议记录,这是备忘的证据。

4. 品管方针与目标

(1) 什么是品管方针?

品管方针也叫品质方针、质量方针,它是由企业最高管理者正式发布的该企业的品质管理宗旨方向。

（2）什么是品管目标？

品管目标就是在品管工作中制定的具体指标，它可能包含很多项目，但可以通过分层次的方法来概括。品管目标必须按品管方针来展开，对品管目标的具体要求如下：

- 体现品管方针的精神，形成具体的指标。
- 来自于生产过程和产品要求的实际。
- 目标的内容一定要可以测量，以便于评价结果。
- 必要时要能分解到具体的职能部门或人员。

5. 品质意识

（1）品质意识概念

品质意识就是品管工作态度，请看这些名言："态度决定一切"、"品质源于我心"、"细节决定成败"、"品质在于生产"、"口说认真是假，实干确认是真"。

人们的品质意识正是从对这些名言的理解开始的，你对它们理解与应用的深度正反映了品质意识在你心中的高度。

（2）团队精神

没有团队精神的组织形同一盘散沙，就更谈不上什么品质意识。那么什么是团队精神？打个比喻，团队就是一辆飞奔的马车，大家在车夫的指挥下朝同一个目标奋勇向前。团队精神就是大家在齐心协力、快马加鞭过程中所表现出来的努力。在这个过程中，凡是不听话的、偷懒的、调皮捣蛋的，不论你本领有多么高，都是团队的敌人，且这种敌意随着你的本领的增高而增加。因此，一般来讲，团队精神对人员有如下要求：

- 充分认识自己和团队，理清相互关系。
- 具有一定的工作素质和敬业精神。
- 服从大局，敢于牺牲个人利益。
- 具有聆听、配合和负责的精神。

团队精神示意如图1.2所示。

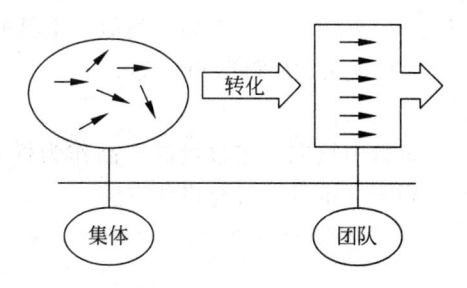

图1.2 团队精神示意

（3）工作方法

① 三个指导方向。为了确保我们的工作方向正确，应用和识别顾客导向、结果导向、过程导向非常重要，其应用方法如下：

- 顾客导向始终是贯穿工作全过程的纲领，我们必须满足顾客的要求，这些顾客包括直接上司、下工序、最终顾客。

- 结果导向是衡量管理工作成效的原则,也是纲领艺术性的具体体现,任何没有结果或结果不正确的管理都是无效的。苦劳再多也不能代表功劳,资历再深也不能代表能力,而是结果决定一切。
- 过程导向是控制生产过程的原则,无论你有多么好的妙招,都必须通过审查、批准,并变成制度后才可以执行,而绝对不可以擅自行动。

(2) 认知角色,正确定位自己
- 明确岗位责任制中自己的责任和义务,充分理解本职岗位的内涵。
- 具有全局意识,减少个人主义色彩。
- 具有团队精神,能为企业牺牲个人利益。
- 与时俱进,积极努力地学习。

(3) 注重工作效率

工作效率具有弹性本质,当我们用力挤压时,它会表现出来,而这种挤压的压力越大,表现就越多。具体方法如下:

- 对于管理工作来说,要讲艺术性,既要坚持原则,又要注重选择合适的方法,关键是要管理具有实效有成果。
- 对于执行工作来讲,要强调执行的力度,没有任何借口,要无条件地执行,只有"YES"和"NO"没有"YES,BUT……"。

4. 品管人员资格

(1) 资格的重要性,资格是被认可的能力,是一种信任,也是一种授权,当某人具有资格时,我们就可以放心大胆的交给他相关的任务。

(2) 企业里的品管资格人员通常包括:检验员、校验员、实验员、机器操作员、各级管理人员及必要的监督员等。

6. 品管工具

(1) 品管工具

品管工具就是我们在从事品质管理工作时,所运用到的业已成熟的方法、技能及经验。这些东西一般是前人或别人总结出来的,因为它们有类似于工具的作用,所以通常称作为品管工具,如 5W2H、4M1E、QC7 大手法、品管圈、SPC 等。

(2) 抽样检验

抽样检验,是从被检验批量数中抽取一定数量的产品作为样本,经检验或测定后,以其结果与判定标准相比较,然后判定该批量是否合格的方法。

项目 1

进料品管IQC

【项目描述】

IQC作为品质管理部人员的一项重要工作,其主要工作内容就是对供应商提供过来的原材料进行检验,保证只有合格的产品才能进入生产环节。IQC是企业产品在生产前的第一个控制品质的关卡。本项目主要从IQC定义、IQC进料检验方法、IQC来料分析统计原理三方面入手,使学生全面认识进料品管IQC。

【学习目标】

(1) 掌握基本元件的英文简写、重要参数及测试工具。
(2) 掌握ESD、EOS基本知识。
(3) 了解统计原理(SPC、GB2828.3、MIL1916)。
(4) 了解使用统计原理对来料进行分析的方法。
(5) 掌握原料检测(IQC)的方法、标准及检验结果的处理方法。

【能力目标】

(1) 能读懂IQC进料检验记录表(中、英文)。
(2) 能使用PLC测量仪器测试元件性能参数。
(3) 能根据产品要求和元件参数,判定来料质量是否合格。
(4) 会使用OA软件处理常用报表。
(5) 能根据产品要求设计进料检验报告。

1.1 进料品管 IQC 基础

【任务要求】

(1) 了解进料品管 IQC。
(2) 掌握进料品管 IQC 的工作方法。
(3) 了解 IQC 工作职责。
(4) 掌握 EOS 与 ESD 基本知识。

【基本活动】

1.1.1 IQC 概述

1. IQC 概念

在制造业中,对产品品质有直接影响的通常有设计、来料、制程、储运四大主项,一般来说设计占 25%,来料占 50%,制程占 20%,储运 1%~5%。综上所述,IQC 来料检验对公司产品质量占压倒性的地位,所以应把来料品质控制提升到一个战略性地位对待。

IQC:Incoming Quality Control 意思为来料质量控制,主要对原料进行控制,包括来料质量检验、不合格原料处理等。较为先进的理念还包括供应商质量体系管理,将重要原料质量控制前移到供应商。

IQC 作为公司的品管先锋,把好进料品质这个关是责无旁贷的。只有这样,后续的品管工作才会见效,公司的产品质量才有保证。

2. IQC 工作原理

IQC 作为品质管理部人员的一项重要工作,其主要工作内容就是对供应商提供过来的原材料进行检验,保证只有合格的产品才能进入生产环节。IQC 是企业产品在生产前的第一个控制品质的关卡,若不合格品流入制程中,则会导致制程或最终产品的不合格,造成巨大的损失。所以品质管理人员必须做好进料检验的第一关工作。

(1) IQC 品质控制的原则

① 品管工作方针:从源头抓起,过程与结果并重。

② 品质控制思想:预防第一,争取把不合格消灭在萌芽状态。

③ 降低成本,力争以最少的投入实现最强的控制。

④ 提高进料质量,确保品质持续向上。

⑤ 实施互利双赢的原则,最大限度地兼顾供应商的利益。

⑥ 紧急物料优先检验;普通物料按计划检验;全检的物料定量且按计划检验。

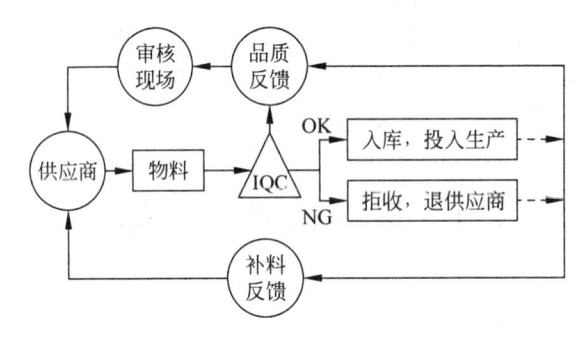

(2) IQC 工作原理图

IQC 工作原理图如图 1.3 所示。

图 1.3 IQC 工作原理图

3. 供应商与 IQC

供应商可以看做是企业的上一道工序,是企业业务体系的分支,所以,在他们的眼里,IQC 是直接的顾客。这些表现主要有:

- 在供货时悉听 IQC 的品质要求。
- 发生产品不合格时进行直接沟通与联络。
- 发生品质事故时谋求帮助,以便妥善处理事故并采取措施改进。
- 当供给特殊产品时,要求提供必要的技术支援和检查帮助等。

供应商是否愿意与组织一起保证品质,且实现品质保证的效率如何,将直接影响企业自身的品质保证水准。供应商品质保证不仅要求供应商建立该体系,而且还要持续地提供品质保证的相关信息,并且负责和坚持到底。

1.1.2　IQC 的工作方法

1. IQC 的工作手法
- 常规检验:利用抽样或其他方法对采购的材料实施规定的正常检验。
- 全数检验:对于贵重物品或质量影响大的产品实施 100% 检查。
- 免检试用:对于难以检查的物品,首先验证供应商提供的检查报告,然后实施试用验证。
- 控制措施:把生产中出现的不合格品按其不合格原因区别处理后,统计不合格品数的 PPM(品质体系中表示百万中的不合格率,PPM = 不合格品个数 × 1000000/批量),并与进料检验不合格率一起按规定实施处理。
- 改善措施:当品质出现异常时,发行 CAR(纠正措施要求单)给供应商,要求采取措施纠正。

2. IQC 工作职责

(1) 来料检验

对供应商所送货物,按照验收检验(技术)标准、工作指示采用合适的测量系统进行检验。

检验员的主要工作是来料检验,而 IQC 检验可简述为对外购物料的全部或其主要特性参照该物料的相关标准进行确认和检验;或对其是否符合使用要求进行确认的活动。检验员的职责就是严格按照有关的技术文件标准和物料操作指导书,按照操作指导书的指引,一步一步地完成各项操作,从而完成各种类型物料的检验,完成送检物料的合格与不合格的判定。

(2) 处理物料质量问题

IQC 还要对检验过程中发现的质量问题进行跟踪处理,以及生产和市场反馈的重大物料质量问题的跟踪处理,并在 IQC 内部建立预防措施等。

(3) 全过程物料类质量问题统计、反馈

统计来料接收、检验过程中的质量数据,以周报、专家团月报形式反馈给相关部门,作为供应商的来料质量控制和管理的依据。

(4) 参与物料有关部门的流程优化

参与物流控制环节中的相关流程优化,对于物流中和物料检验有关的流程优化提出建议和意见。

3. IQC 分组管理

当公司的材料类别或品种比较多时,为了能使 IQC 的检查员们掌握丰富的检验技能,就有必要对他们进行分组别管理。

按材料的性质、功能或类别区分管理小组以及他们的人员,这是一种较为普遍使用的分组方法。这种方法适合于对材料的专业知识要求较高的企业。比如一些电器类的整机总装厂、技术密集型厂等。但在实际分组时根据其规模大小又有粗细之分。

分组较细的 IQC 管理组为五金组、塑胶组、电气组、包装组、辅料组、资料组、标准组。

各组别负责的材料或事务如下。

- 五金组:五金类部品,如外壳、散热片、弹簧、螺丝、支架、各种垫片、插销、金属铭牌、焊锡膏、锡条、锡线等。
- 塑胶组:各种塑料制品,如按键、机壳、镜片等。同时还包括纤维类和纸类制品,如绝缘线、保护膜等。
- 电气组:各种电子、电气制品,如开关、集成电路、晶体管、液晶显示器、印制电路板、电阻、电容等。
- 包装组:各种用于包装的材料,如纸箱、彩盒、说明书、使用手册、泡沫海绵、各种贴纸、标签、防护用品等。
- 辅料组:各种不是直接对产品产生作用的物品,如胶水类、胶带类、清洁剂类、溶剂类、防腐类、干燥剂类等。
- 资料组:本组管理的不是材料,而是自有的能够为检验提供帮助的物品或文件,如检验计划、检验工具、报表、资料、文件等。
- 标准组:本组管理的是有效的检验依据,如作业指导书、图纸、说明书、物料清单表、样板、产品规格,包装材料样品等。

4. IQC 作业必备

(1) 六项作业必备

① 检查员的资格。对于材料的品质状况具有判定权的检查人员应授予资格,资格证失效或未取得资格的人员不得从事该项工作。

② 批量材料检验必备用具。

- 受控发行的标准资料:作业指导书、图纸、说明书、物料清单、样板、产品规格等。
- 有效的工具与夹具:卡尺、量规、色卡,相对应测试夹具等。
- 合格的仪器:耐压仪、功率仪、接地仪、电压表、厚度仪等。

③ 试产材料检验必备用具。

- 开发部批注的资料:图纸、说明书、物料清单、规格等。
- 有效的工具:卡尺、量规、色卡等。
- 合格的仪器:根据需要选定有校准的仪器等。

④ 有要求时的环境与设施条件。

- 外观检验:40W 日光灯下,产品距光源 30~50cm。
- 功能检查:可采用屏蔽房、无尘室、防静电区等。
- 组装检查:使用最近送料批次中送来的合格材料。

⑤ 工作配合必备。在有要求时供应商须提供的资料如下:检验成绩书、QCPASS(质检通过)报告或贴纸、说明书、服务卡、拆开包装后的再包装用材料。

⑥ 心理素质准备。检验人员必要的心理素质:实事求是,非故意,非刻意;用证据说

话;保留不合格品的原不合格状态;必要时适当标识不合格处,比如用红色箭头贴纸。

(2) EOS 与 ESD

① 什么是 EOS? EOS 为 Electrical Over Stress 的缩写,指电气过载。当外界电流或电压超过器件的最大规范条件时,器件性能会减弱甚至损坏。

EOS 通常产生于:

- 电源(AC/DC)干扰、电源杂波信号和过电压。
- 由于测试程序切换(热切换)导致的瞬变电流/峰值/低频干扰。其过程持续时间可能是几微秒到几秒(也可能是几纳秒),很短的 EOS 脉冲导致的损坏与 ESD 损坏相似。
- 闪电。
- 测试程序开关引起的瞬态/毛刺/短时脉冲波形干扰。
- 测试设计欠佳,例如,在器件尚未加电或已超过其操作上限的情况下给器件发送测试信号。再比如在对器件供电之前加入测试信号,或超过最大操作条件。
- 来自其他设备的脉冲信号干扰,即从其他装置发送的脉冲。
- 不恰当的工作步骤,工作流程不甚合理。
- 接地点反跳(由于接地点不够导致电流快速转换引起高电压)。

② 什么是 ESD? ESD 是英文 Electrical Static Discharge 的缩小,中文释为静电放电。静电是一种客观的自然现象,产生的方式有多种,如接触、摩擦等。静电具有高电压、低电量、小电流和作用时间短的特点。人体自身的动作或与其他物体的接触、分离、摩擦或感应等因素,可以产生几千伏甚至上万伏的静电。静电在多个领域造成严重危害,摩擦起电和人体静电是电子工业中的两大危害。

生产过程中静电防护的主要措施为静电的泄漏、耗散、中和、增湿、屏蔽与接地。人体静电防护系统主要有防静电手腕带、脚腕带、工作服、鞋袜、帽、手套或指套等组成,具有静电泄漏、中和与屏蔽等功能。

静电防护工作是一项长期的系统工程,任何环节的失误或疏漏,都将导致静电防护工作的失败。

③ EOS 与 ESD 的区别(见表 1.1)

表 1.1 EOS 和 ESD 的区别

EOS	ESD
典型的,由电源或测试设备产生	ESD 属于 EOS 的特例,有限的能量,由静电荷引起
持续时间在微秒~秒级(也可能是毫微秒)	事件持续时间在微微秒~毫微秒级
损坏的现象包括金属线熔化、发热、高功率、闩锁效应	可见性不强损坏位置不易发现
短时的 EOS 脉冲损坏看起来像 ESD 损坏	通常导致电晶体级别的损坏

④ 静电防护。

- 设定静电区域。在生产现场设定静电敏感区域,并且要做明显警示,使得现场的每个人都能注意到。

- 防护操作。

a. 操作者应该佩戴防静电腕带；应该穿着防静电服装；鞋、围巾、椅子应该套上防静电套。（一端与人体接触，另一端与地线相连）

b. 静电区域内所有的物品静电不能超过 100V，若静电电压超过 100V，这时应该采用去离子风机消除物体表面静电；静电区域内的容器应该用防静电材料的。

注：不可在防静电区域内放置与生产活动无关的物品。

- 湿度控制。防静电工作区的环境相对湿度要以 50%～60% 为宜。

1.2 IQC 进料检验

1.2.1 IQC 进料检验要求

1. 进料检验的要求

（1）按合同或协议规定的交货质量保证要求的内容进行检验

企业与供应商的订货合同或协议应明确交货产品的质量保证内容，视情况可规定：

- 检验的方式方法。规定全检还是抽检。抽检还要规定采用何种抽检标准（如 GB2828/MIL-STD-105E）。
- 供应商应提供交货产品的合格证明书，必要时要求提供检测数据和表单。
- 对供货不合格的处理，如退货、换货以及经济补偿（赔偿）等。
- 对供应商的质量体系进行第三方质量审核等。

（2）检验程序

例如，按企业形成文件的检验程序，以及进料检验规程（作业指导书）进行检验和办理入库手续。

（3）进料应经过审批

外购产品、外协产品就是经企业评定的合格供应商的产品，其他情况进料应经过审批并通知相关部门。

（4）按文件化程序、质量计划、检验计划执行

进料检验视企业的资源及检验产品的有效程度来设计检验方法，既可采用检测设备进行检验，也可采用其他验证方法（如试装试用）进行验证。

（5）紧急放行，不合格追回处置

对"紧急放行"的产品，必须在该产品上做出标识，做好记录，以便能及时追回和更换，在经相应的授权人批准后，才可以放行。同时，进料检验继续对此产品的样品进行检验，直到能判别合格与否并作完相应的处置为止。

2. 进料检验过程的八大要素

① 来料单。记述送货的品名、数量、型号、批号、规格、日期和其他有关要求的单据，一般由货仓收料者开出。

② 有包装的料。处于供应商原包装状态的材料，包括合格标记、封口、单据、防护状态等。若是散装材料则允许专门做出规定。

③ 标准。证明产品要求的文件性依据，如：作业指导书、图纸、说明书、物料清单、样板、产品规格等。

④ 仪器。检验指导书上规定的经校准合格的仪器、设备。

⑤ 工具。检验指导书上规定的经检验合格的工具、夹具。

⑥ 适当的环境。场地、照明、温湿度、防静电、防污染等适当的环境。

⑦ 标识用贴纸。表示判定结果的标识物，如绿色的合格贴纸，红色的不合格贴纸，黄色的特采贴纸等。

⑧ 报表。用于记录检验数据和结果的表单，如进料品检验报表等。

3. 常用的检验流程

检查流程不能乱，如果打乱检查流程，会使检查难度增大，检查效果打折扣。但对于不同的材料允许有不同的流程，而对于不同的人检验相同产品时应使用一致的流程，不允许因人而异，如图 1.4 所示。

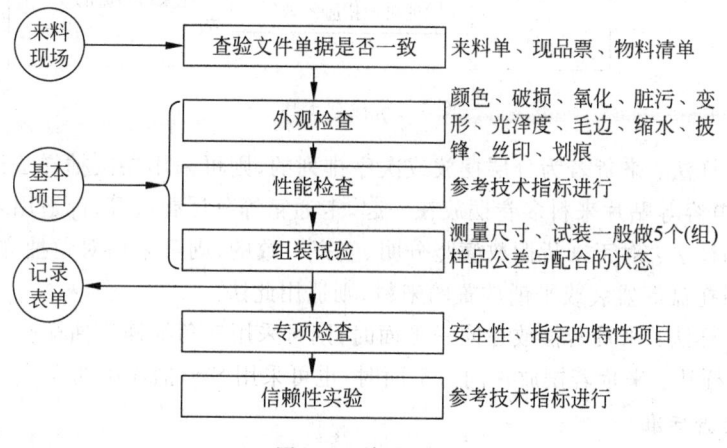

图 1.4 检验流程

4. 进料检查步骤

为了保持检查的效果，必须使检查过程的各个步骤相互配合应对，并保持一定的节奏。和谐的检查节奏所包含的步骤如图 1.5 所示。

1.2.2　IQC 的检验方式

IQC 在来料检查时，经常会遇到各种各样的不合格品，检查时要从来料整体和抽取样品两方面来进行检查，检验方式有全检、抽检和免检三种方式。

- 全检：数量少，单价高之物料。
- 抽检：数量多，或经常性之物料。
- 免检：数量少，单价低，或一般性补助或经认定列为免检之厂商或局限性之物料。

下面我们主要针对 IQC 抽样检验方法进行介绍。

1. 抽样检验方法

从群体中随机抽取一定数量的样本，经过检验或测定后，将其结果与判定基准作比较，然后判定此群体是合格或不合格的方法就是抽样检验。常用抽样手法有四种。

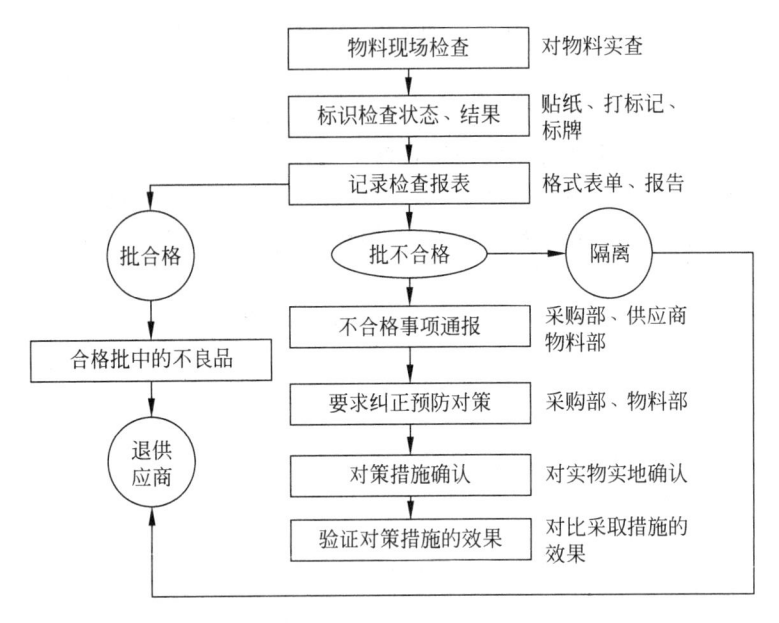

```
                        ┌─────────────┐    对物料实查
                        │ 物料现场检查 │─────────────
                        └──────┬──────┘
                               │
                        ┌──────┴──────┐    贴纸、打标记、
                        │标识检查状态、│───标牌
                        │    结果     │
                        └──────┬──────┘
                               │
                ┌──────────────┤              格式表单、报告
                │       ┌──────┴──────┐──────────────
                │       │ 记录检查报表 │
                │       └──────┬──────┘
                │              │
         ┌──────┴──┐    ┌──────┴──────┐    ┌──────┐
         │ 批合格  │    │  批不合格   │───→│ 隔离 │
         └──────┬──┘    └──────┬──────┘    └───┬──┘
                │              │               │
         ┌──────┴──────┐ ┌─────┴────────┐      │    采购部、供应商
         │合格批中的不良│ │不合格事项通报│──────┼────物料部
         │    品       │ └─────┬────────┘      │
         └──────┬──────┘       │               │
                │       ┌──────┴────────┐      │    采购部、物料部
                │       │要求纠正预防对策│─────┼────
                │       └──────┬────────┘      │
         ┌──────┴──┐           │               │
         │ 退供   │    ┌──────┴──────┐         │    对实物实地确认
         │ 应商   │    │ 对策措施确认 │────────┼────
         └──────┬──┘   └──────┬──────┘         │
                │             │                │    对比采取措施的
                │      ┌──────┴───────┐        │    效果
                │      │验证对策措施的│────────┘
                │      │     效果     │
                │      └──────┬───────┘
                └─────────────┘
```

图 1.5　检查步骤

- 层次抽样法：来货若为分层摆放或次序排列的，则可采用层次抽样法进行抽样。如电阻、电容等贴片来料多卷摆放在一起，卡通箱等分层叠放等，都适用之。
- 对角抽样法：对于来货摆放横竖分明、整齐一致的，则可采用对角抽样法进行抽样。如使用托盘等盛装或平铺放置的来料，则适用此法。
- 三角抽样法：来货若摆放在同一平面时，则可采用三角抽样法抽样。
- S 型抽样法：来货若摆放在同一平面时，也可采用 S 形抽样法抽样。

2. 抽样检验标准

决定抽取样本数量和判定基准的数据表就是抽样检验标准。抽样检查时常使用 AQL 抽样标准。AQL 即品质允收水准，在工厂里一般是指按抽样检查方式实施检验。

AQL：acceptable quality level 品质允收水准。最常用的 AQL 抽样标准是美国的军方标准，比如 MIL-STD-105D/E、MIL-STD-1916 抽样标准。

我国抽样标准有 GB/T2828.1 计数调整型（ISO2859.1）；GB/T2828.2 计数孤立批（ISO2859.2）；GB/T2828.3 跳批抽样检验（ISO2859-3）；GB/T8051 计数序贯抽样；GB/T8053、8054、6378 计量抽样等抽样标准。

(1) MIL-STD-1916 抽样标准

为强调过程品管与持续不断改进的重要性，美军 1996 年推出新版的抽样标准 MIL-STD-1916 用以取代 MIL-STD-105E，以此标准作为美军采购时主要选用的抽样标准。本标准的目的在于鼓励供应商建立品质系统与使用有效的过程控制程序，以取代最终产品的抽样方式，希望供应商远离以 AQL 为主的抽样计划，而以预防性的品质制度代替它。故本标准的愿望在于建立不合格过程改进的制度，而并非最终检验品质的水准。

MIL-STD-1916 与传统抽样标准的差异：

① MIL-STD-1916 强调不允许不合格品的存在，而采行"0 允收，1 拒收"的方式。至于传统的以允收品质水准为基础的抽样计划，则其验收批样本中允许有不合格品存在。

② MIL-STD-1916 只有单次抽样计划,且其计数值抽样计划、计量值抽样计划、连续性抽样计划分别只有一张表,使用简单,不容易发生错误;至于传统的以允收品质水准为基础的抽样计划含有单次抽样、双次抽样及多次抽样计划,每一抽样计划中计数值抽样计划、计量值抽样计划、连续性抽样计划分别拥有许多张表,极为复杂,查表时很容易发生错误。

③ MIL-STD-1916 强调供应商建立持续不断的品质改善系统,至于传统以允收品质水准为基础的抽样计划所强调的是抽样技术。

(2) GB/T2828 系列标准

国家已颁布的统计抽样检验标准有 22 个,2001 年开始进行重新修订,将其中某些标准归入 GB/T2828 计数抽样检验程序系列。

已颁布的和正在修改的 GB/T2828 系列如表 1.2 所示。

表 1.2 已颁布的和正在修改的 GB/T2828

抽样检验标准	对 应	替 代
GB/T2828.1—2003 按接收质量检验限检索的逐批检验抽样计划	ISO2859-1	GB2828-87
GB/T2828.2—2003 孤立批检验抽样计划	ISO2859-2	GB/T 15239-94
GB/T2828.3—2003 跳批检验抽样计划	ISO2859-3	GB/T3263-91
GB/T2828.4—2008 声称质量水平的评价程序	ISO2859-4	GB/T14162-93 GB/T 14437-97
GB/T2828.10—2003 计数抽样系统	ISO2859-10	

(3) 电子产品进料检验标准(见附录表格)

① 常见电子元器件的重要检验参数(见电子产品进料检验标准表格)。

② 常见电子元器件的英文简写(见表 1.3)。

表 1.3 常见电子元器件的英文简写

元件名称	字母代号	元件名称	字母代号
电阻	R	微调电容器	CT
电容	C	晶体振荡器	X
电解电容	EC	集成电路	IC
电感	L	连接器	CN
二极管	D	保险丝	FU
三极管	Q	地线	G
陶瓷滤波器	CF	插座	CN
滤波器	BPF	电池	E
连接线	JP JW	交流	AC
开关	SW	直流	DC
线圈	T		

③ 常见电子元器件的测试工具。LCR 测试仪是一种采用交流方式测量电感、电容、电阻、阻抗等无源元件参数的装置。为规范电子元器件入厂检验要求,提高电子元器件质量,保证产品的合格率,企业通常选用 LCR 测试仪对来料和生产退料重新送检的电阻、电容、电感元件进行测量。下面对 YD2810F 型 LCR 数字测试仪进行介绍。

• 仪器参数。

测量参数:电感量 L、电容量 C、电阻 R、品质因素 Q、损耗角正切值 D。

测量速度:快速 8 次/秒;慢速 4 次/秒;低速 2 次/秒。

测试信号电平 Vrms(有效值):0.1V/0.3V/1.0V±10%。

• 仪器面板(见图 1.6)。

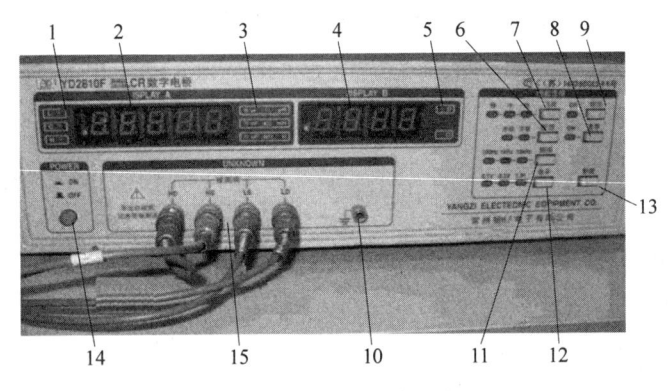

图 1.6 LCR 测试仪面板

• 功能键说明。

1——主参数指示。指示当前测量主参数(L、C、R)。

2——参数显示。显示 L、C、R。

3——主参数单位。指示当前测量主参数单位(如 pF、nF、μF 等)。

4——副参数显示。显示损耗 D 或品质因素 Q。

5——副参数指示。指示当前测量副参数(D、Q)。

6——等效键。设定仪器测量等效电路,一般选择串联等效电路。

7——速度键。快速 8 次/秒,慢速 4 次/秒,低速 2 次/秒。

8——清零键。测电容时,测试夹具或测试电缆开路,按一下"清零"键,"开"灯亮,每次测试自动扣去底数;测电感、电阻时,测试夹具或测试电缆短路后,按"清零"键。

9——锁定键。灯亮仪器处于锁定状态,仪器测试速度最高。

10——接地端。用于被测元件的屏蔽地。

11——频率键。设定加于被测元件上的测试信号频率是 100Hz,1kHz 或 10kHz。

12——电平键。每按一下,选择一种测试电平,分别在(0.1、0.3、1.0)V 三种电平中循环。

13——参数键。每按一下,选择一种主参数,分别在 L,C,R 三种参数中循环。

14——电源开关。按下,电源接通;弹出,电源断开。

15——测试信号端。

HD——电压激励高端;LD——电压激励低端。

HS——电压取样高端；LS——电压取样低端。

3. 抽样检验的目的

抽样检验主要决定是否接收该批，而不是估计该批的质量。即使相同质量的批次，抽样的结果也可能不同。

最有效的抽样不是检验，而是通过改进过程使其符合顾客的要求。

4. 抽样检验的不合格品的处理

（1）不合格分类

单位产品的特性不符合规定即为不合格。共分三类。

- A 类不合格：单位产品的关键质量特性（critical）不符合规定，或单位产品的质量特性极严重不符合规定。
- B 类不合格：单位产品的重要质量特性（major）不符合规定，或单位产品的质量特性严重不符合规定。
- C 类不合格：单位产品的一般质量特性（minor）不符合规定，或单位产品的质量特性轻微不符合规定。

（2）不合格品分类

- A 类不合格品：有一个或一个以上 A 类不合格，也有可能还有 B 类不合格和 C 类不合格的单位产品。
- B 类不合格品：有一个或一个以上 B 类不合格，也有可能还有 C 类不合格，但没有 A 类不合格的单位产品。
- C 类不合格品：有一个或一个以上 C 类不合格，但没有 A 类和 B 类不合格的单位产品。

1.2.3 检查结果的处理

1. 检查结果分类

检查结果一般有合格、不合格、待定三种。对它们的处理方法要依据企业的实际情况具体决定。

2. 检查结果的处理方法

检查结果的处理方法如图 1.7 所示。

1.3 统计原理

1.3.1 办公自动化

办公自动化（OA，Office Automation），是 20 世纪 70 年代中期发达国家为解决办公业务量急剧增加对企业生产率产生巨大影响问题的背景下，发展起来的一门综合性技术。它的基本任务是利用先进的科学技术，使人们借助各种设备解决对一部分办公业务的处理，达到提高生产率、工作效率和质量，方便管理和决策的目的。OA 的知识领域覆盖了行为科学、管理科学、社会学、系统工程学等学科，并且 OA 体现了多学科的相互交叉、相互渗透性，

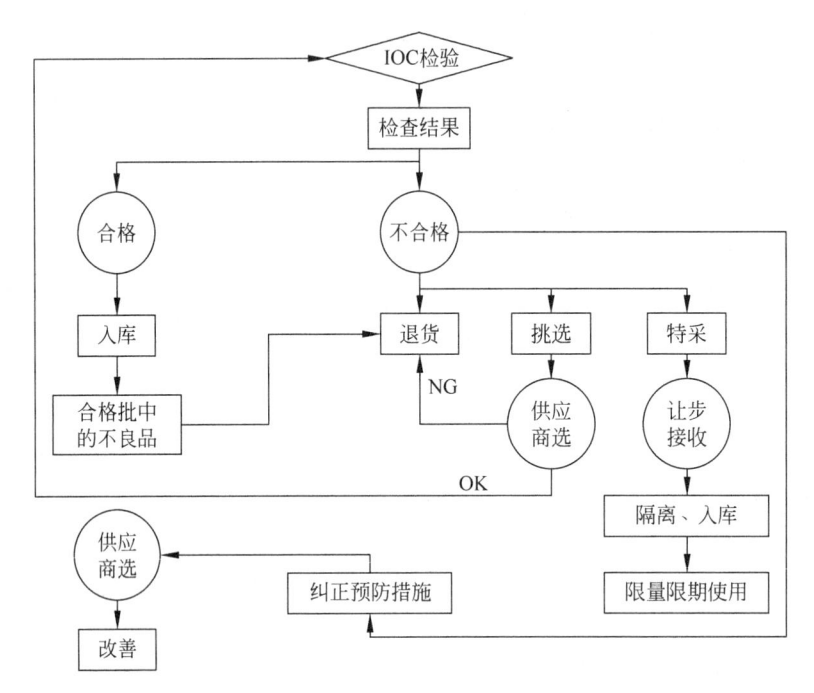

图 1.7 检查结果的处理方法

所以 OA 的应用是企业管理现代化的标志之一。由于 OA 的出现,使得传统的机关事务型办公业务中的劳动力就业比率结构发生了变化,据美国劳动统计局 1980 年的统计数据,美国四大产业的劳动力比率约为:信息产业占 50% 以上、服务业占 30%、工业占 13%、农业占 2%。因此 OA 的应用将会进一步得到发展。

1. OA 的定义

所谓办公自动化,是指通过先进技术的应用,将人们的部分办公业务物化于人以外的各种设备,并由这些设备和办公人员共同完成办公业务的人机信息系统。

OA 与 MIS、DSS 相比较,则较少地应用管理模型,而强调技术的应用和自动化的办公设备的使用为主。办公自动化还可以形象地理解为,办公人员运用现代科学技术,如通过局域网或远程网络,采用各种媒体形式,管理和传输信息,改变传统办公的面貌,实现无纸办公。

2. OA 的特点

OA 的设计思想就是以自动化设备为主要处理手段,依靠先进技术的支持,为用户创造一个良好的自动化的办公环境,以提高工作人员的办公效率和信息处理能力。

OA 具有如下的特点:

- 面向非结构化的管理问题。
- 工作对象主要是事务处理类型的办公业务。
- 强调即席的工作方式。
- 设备驱动。

3. 办公业务的分类和典型形式

(1) 办公业务的分类

办公业务的分类主要指办公室业务的分类、办公人员的分类、办公室信息形式的分类等。

① 按业务流程的确定程度分类,可以分为:
- 确定型。事物/数据处理是确定的,易于计算机程序化的实现。
- 非确定型。事务处理过程有较多的不确定性,程序化方法不易实现。
- 混合型。介于上面两者之间,部分处理过程是确定的,另外部分处理过程是不确定的。

OA 主要是面对非确定型办公业务的处理,其他两类业务也可满足。

② 按业务性质分类,可以为分:
- 以程序化信息处理为主要职能的办公室,如企业的计划科、财务科、信息中心等。
- 以非程序化信息处理为主要职能的办公室,如企业的领导办公室、行政科、秘书处等。

前者的职能可通过一般的事务处理系统实现,后者的职能主要依靠 OA 来实现。

(2) 办公业务的典型形式

办公业务有许多具体的形式,如收发、立案、调查、统计、审批、认可、询问等,以及部门间的通知联络业务、委托要求业务、谈判调整业务、会议讨论、咨询服务业务等。对具体的办公业务进行分类整理,可划分为四种典型的方式。

① 数据处理和文字处理,如文件生成、信息检索、计算、存储等。
② 传递功能,如电话、会议、会谈、文件等的信息分发或传递等。
③ 实时管理,如确定安排会议或会谈的时间、程序、地点等。
④ 判断决策,如文件的报审、批准、问题的讨论、确定型等。

4. OA 的支撑技术和功能

(1) OA 的支撑技术

办公自动化的支撑技术有计算机技术、通信技术、自动化技术。从物化的角度看就是 OA 的硬件系统和软件系统。

OA 的硬件系统包括计算机、计算机网络、通信线路和终端设备。其中计算机是 OA 的主要设备,因为人员的业务操作都依赖于计算机。计算机网络和通信设备是企业内部信息共享、交流、传递的媒介,它使得系统连接成了一个整体。终端设备专门负责信息采集和发送,承担了系统与外界联系的任务,如打字机、显示器、绘图仪等。OA 的软件系统包括系统支撑软件、OA 通用软件和 OA 专用软件。其中系统支撑软件是维护计算机运行和管理计算机资源的软件,如 Windows XP、Windows XP 8、UNIX 等。OA 通用软件是指可以商品化大众化的办公应用软件,如 Word、Excel 等。OA 专用软件是指面向特定单位、部门,有针对性地开发的办公应用软件,如事业机关的文件处理、会议安排,公司企业的财务报表、市场分析等。

(2) OA 的功能

为满足办公业务处理的需要,OA 具有完善文字处理功能、较强的数据处理功能、语音处理功能、图像处理功能、通信功能等。

5. OA 的系统模型

在总结办公业务的基础之上,Neuman 于 1980 年提出了五类 OA 的系统模型。

① 信息流模型(Information Flow Model)。描述了办公信息在各单位办公室内和办公

室之间的相互传递和处理的情况。

② 过程模型(Procedural Model)。描述了为完成特定的任务,办公工作的具体执行过程和步骤。

③ 数据库模型(Database Model)。描述了与办公业务相关的信息结构、数据库结构以及它们的存储和访问方式等。

④ 决策模型(Decision-Making Model)。将办公信息处理过程中的结构化部分交由计算机处理,并根据已有的特定决策模型做出相应决策。

⑤ 行为模型(Behavioral Model)。办公信息的处理是在人的社会活动中发生并完成。

OA 的发展现在已经进入成熟期,这体现在 OA 的设备不断更新和 OA 软件的层出不穷。美国近年来的 OA 产品以每年 20％的速度增长,其中硬件的发展费用约 1200 亿美元,软件费用约 2000 亿美元。至今,美国 70％的信息产业已实现了办公自动化。我国在 OA 方面的发展起步较晚,在这方面还有一段较长的路要走。

1.3.2 SPC 原理

1. SPC 定义

SPC 是英文 Statistical Process Control 的字首简称,即统计过程控制。SPC 就是应用统计技术对过程中的各个阶段进行监控,从而达到改进与保证质量的目的。SPC 强调全过程的预防。

SPC 给企业各类人员都带来好处。对于生产第一线的操作者,可用 SPC 方法改进他们的工作,对于管理干部,可用 SPC 方法消除在生产部门与质量管理部门间的传统的矛盾,对于领导干部,可用 SPC 方法控制产品质量,减少返工与浪费,提高生产率,最终可增加上缴利税。

2. SPC 的步骤

步骤 1：确定关键变量(即关键质量因素)

具体又分为以下两点：

① 对全厂每道工序都要进行分析(可用因果图),找出对最终产品影响最大的变量,即关键变量(可用排列图)。如美国 LTV 钢铁公司共确定了大约 20000 个关键变量。

② 找出关键变量后,列出过程控制网图。所谓过程控制网图即在图中按工艺流程顺序将每道工序的关键变量列出。

步骤 2：提出或改进规格标准

具体又分为以下两点：

① 对步骤 2 得到的每一个关键变量进行具体分析。

② 对每个关键变量建立过程控制标准,并填写过程控制标准表。

本步骤最困难,最费时间,例如制定一个部门或车间的所有关键变量的过程控制标准,大约需要一个人工作两年多。

步骤 3：编制控制标准手册,在各部门落实

将具有立法性质的有关过程控制标准的文件编制成明确易懂、便于操作的手册,使各道工序使用,如美国 LTV 公司共编了 600 本上述手册。

步骤 4：对过程进行统计监控

主要应用控制图对过程进行监控。若发现问题,则需对上述控制标准手册进行修订,及

反馈到步骤 4。

步骤 5：对过程进行诊断并采取措施解决问题

可注意以下几点：

① 可以运用传统的质量管理方法进行分析。

② 可以应用诊断理论进行分析和诊断，如两种质量诊断理论。

③ 在诊断后的纠正过程中有可能引出新的关键质量因素，即反馈到步骤 2,3,4。

推行 SPC 的效果是显著的。如美国率 LTV 公司 1985 年实施了 SPC 后，劳动生产率提高了 20% 以上。

4. 基本统计概念

（1）统计学（Statistics）

统计学是收集、整理、展示、分析解释统计资料，由样本（sample）推论母体群体（population），并能在不确定情况下作决策的一门科学方法、决策工具。

（2）统计量

① R 全距（range）。全距是指一个变量数列中最大标志值与最小标志值之差。因为它是数列中两个极端值之差，故又称为极差。

$$R = X_{max} - X_{min}$$

② $\bar{x}(\mu)$ 算术平均数（arithmetic mean）。总体或样本的平均值，总体的平均值用 μ 来表示；样本的平均值用 $\bar{x}$ 来表示

$$\bar{x} = \frac{\sum_{i=1}^{n} f_i x_i}{x}$$

③ Md 中位数（median）。将总体单位数量标志的各个数值按照大小顺序排列，居于中间位置的那个数值称为中位数。

当资料项数 n 为奇数，数列中只有一个居中的标志值，该标志值就是中位数。

当 n 为偶数时，数列中有两个居中的标志值，中位数便是中间两个标志值的简单算术平均数。

④ Mo 众数（mode）。众数是总体中出现次数最多或最普遍的标志值，即频次或频率最大的标志值。数列中最常出现的标志值，说明该标志值最具有代表性。

⑤ σ^2 方差/变异（variance）。数据与其平均值之间差值的平方的平均值。它代表该组数据的分散或离散程度，是应用最广泛的描述离散程度的指标。

$$\sigma^2 = \frac{\sum_{i=1}^{n} f_i (x_1 - \bar{x})^2}{n-1} = \frac{1}{n-1} [(x_1 - \bar{x})^2 + (x_2 - \bar{x})^2 + \cdots + (x_n - \bar{x})^2]$$

⑥ σ 标准差（standard deviation）。是方差的（正）平方根，它也代表该组数据的分散程度，总体的标准差用 σ 表示。

$$\sigma = \sqrt{\frac{\sum_{i=1}^{n} f_i (x_1 - \bar{x})^2}{n-1}} = \sqrt{\frac{1}{n-1} [(x_1 - \bar{x})^2 + (x_2 - \bar{x})^2 + \cdots + (x_n - \bar{x})^2]}$$

技能训练 1：IQC 进料检验管控技能训练

1. 通过提供的电阻、电容，根据作业指导书完成下列来料检验报告。

来料品检验报告

机型		品名			货号			
批号		批量			入库数			
供应商		定单号			交货日期			
缺点性质：		严重：			轻微		抽检数	
次品接受程度		严重：			轻微		PCS	

次品数别	数量	缺陷 DEF		SP EC		读数 READING				
		严重	轻微	规格	项目	1	2	3	4	5
1										
2										
3										
4										
5										
6										

通知有关部门 □生产部 □技术部	1. 严重 2. 轻微	
	最后处理结果	
	□合格 □不合格	□全检 □特采 □退回供应商

备注	检查员		批准人	
	日期　／　／		日期　／　／	

条例	1. 任何物料进厂，必须经由品检部抽检，合格及放行则方可入仓。 2. 如因严重缺料而采用品质未符合标准的来料，则品检部必须通知有关部门。 3. 各供应商在接到品检报告通知退货时，必须在十四天内收回退货，逾期则如同损坏，恕不负责。

作 业 指 导 书	编　　号	
	第 1 版	第 0 次修改
进货检验规范（贴片电阻）	生效日期	

1 目的及适用范围
　　本检验规范的目的是保证本公司所购贴片电阻的质量符合要求。
2 参照文件
　　本作业规范参照本公司程序文件《IQC来料检验规范》以及相关可靠性试验和相关技术、设计参数资料及 GB/T2828 和 GB/T2829 抽样检验标准。
3 规范内容
3.1　测试工量具及仪表：LCR电桥（401A）或不低于本仪表精度的其他仪表，游标卡尺，恒温铬铁，浓度不低于 95% 的酒精
3.2　缺陷分类及定义
　　A 类：单位产品的极重要质量特性不符合规定。
　　B 类：单位产品的重要质量特性不符合规定。
　　C 类：单位产品的一般质量特性不符合规定。
3.3　判定依据：抽样检验依 GB/T2828 标准，取特殊检验水平 S-3；AQL：A 类缺陷为 0，B 类缺陷为 0.4，C 类缺陷为 1.0。标有◆号的检验项目抽样检验依 GB2829 标准，规定 RQL 为 30，DL 为 III，抽样方案为：$n=6, Ac=0, Re=1$
3.4　检验项目、标准、缺陷分类一览表

序号	检验项目	验收标准	验收方法及工具	A	B	C
1	阻值与偏差	实际阻值应在误差范围内	LCR电桥			
2	标识	标识完备、准确、无错误	目测			
3	标识附着力	标识清晰，用浸酒精的棉球擦拭三次后无变化	酒精棉球			
4	外观检查	无变形、无破损、无污迹，引线无氧化现象	目测			
5	尺寸及封装	符合设计要求	游标卡尺			
◆6	可焊性	温度 260±10℃，时间 2s，锡点圆润有光泽，稳固	恒温铬铁			
◆7	耐焊接热	温度 260±10℃，浸锡时间 5s 后，外观、电气与机械性能良好	恒温铬铁			
8	包装	包装良好，随附出厂时间及检验合格证	目测			

4. 相关记录与表格
《来料品检验报告》

批准人签名		审核人签名		制定人签名	
批准日期		审核日期		制定日期	

作 业 指 导 书	编　　号	
	第 1 版	第 0 次修改
进货检验规范（贴片电容）	生效日期	

1 目的及适用范围
本检验规范的目的是保证本公司所购贴片电容的质量符合要求。

2 参照文件：
本作业规范参照本公司程序文件《IQC 来料检验规范》以及相关可靠性试验和相关技术、设计参数资料及 GB2828 和 GB2829 抽样检验标准。

3 规范内容
  3.5 测试工量具及仪表：LCR 电桥（401A）或不低于本仪表精度的其他仪表,游标卡尺,恒温铬铁,浓度不低于 95％的酒精
  3.6 缺陷分类及定义：
    A 类：单位产品的极重要质量特性不符合规定。
    B 类：单位产品的重要质量特性不符合规定。
    C 类：单位产品的一般质量特性不符合规定。
  3.7 判定依据：抽样检验依 GB/T2828 标准,取特殊检验水平 S-3；
  3.8 AQL：A 类缺陷为 0,B 类缺陷为 0.4,C 类缺陷为 1.0。标有◆号的检验项目抽样检验依 GB2829 标准,规定 RQL 为 30,DL 为 III,抽样方案为：n＝6,Ac＝0,Re＝1
  3.9 检验项目、标准、缺陷分类一览表

序号	检验项目	验收标准	验收方法及工具	A	B	C
1	阻值与偏差	实际阻值应在误差范围内	LCR 电桥			
2	标识	标识完备、准确、无错误	目测			
3	标识附着力	标识清晰,用浸酒精的棉球擦拭三次后无变化	酒精棉球			
4	外观检查	无变形、无破损、无污迹,引线无氧化现象	目测			
5	尺寸及封装	符合设计要求	游标卡尺			
◆6	可焊性	温度 260±10℃,时间 2s,锡点圆润有光泽,稳固	恒温铬铁			
◆7	耐焊接热	温度 260±10℃,浸锡时间 5s 后,外观、电气与机械性能良好	恒温铬铁			
8	包装	包装良好,随附出厂时间及检验合格证	目测			

4 相关记录与表格
《来料品检验报告》

批准人签名		审核人签名		制定人签名	
批准日期		审核日期		制定日期	

思考题：

1. IQC 进料检验的要求是什么？
2. 进料检验的方式有哪些？
3. 进料检验结果如何处理？
4. 简述进料检验过程的八大要素。
5. SPC 的作用是什么？简述 SPC 进行步骤。

项目2

供应商质量管控

【项目描述】

供应商的质量管理是整个质量链中的重要环节,在竞争日益激烈的市场条件下,企业也越来越重视供应商质量管理。供应商管理是一门很大的学科,供应商在交货、产品质量、提前期、库存水平、产品设计等方面都影响着下游制造商的成功与否。而供应商所供产品的质量和价格决定了最终消费品的质量和价格,影响着最终产品的市场竞争力、市场占有量和市场生存力,以及供应链各组成部分的核心竞争力。本项目从质量管理的基础知识入手,着重从供应商开发选择,供应商评估管理,供应商审核体系等方面阐述供应商质量管控的相关内容,使学生全面了解质量管理及供应商质量管理的重要性。

【学习目标】

(1) 掌握质量管理的基础知识。
(2) 掌握质量管理的实施方法。
(3) 了解供应商选择的要素。
(4) 掌握供应商评估方法及审核体系。

【能力目标】

(1) 能根据产品熟悉供货商的制程。
(2) 能管理供货商的产品出货质量和交期。

2.1 质量管理的基础知识

2.1.1 质量管理四项基本原则

美国质量管理大师菲利普·克劳斯比提出了质量管理"四项基本原则":
- 质量的定义:符合用户的利益和需求。
- 质量系统的核心:缺陷的事前控制与预防。
- 质量工作的标准:各项工作力求"零缺陷"。
- 质量成本的衡量:不符合用户要求的总代价。

2.1.2 质量管理的定义

质量管理是指在质量方面指挥和控制组织协调的活动。在质量方面的指挥和控制活动，通常包括制定质量方针和质量目标及质量策划、质量控制、质量保证和质量改进。

上述定义可以从以下几个方面来理解：

第一，质量管理是通过独立质量方针和质量目标，并为实现规定的质量目标进行质量策划，实施质量控制和质量保证，开展质量改进等活动予以实现的。

第二，组织在整个生产和经营过程中，需要对诸如质量、计划、劳动、人事、设备、财务和环境等各个方面进行有序地管理。由于组织的基本任务是向市场提供符合顾客和其他相关方要求的产品，围绕着产品质量形成的全过程实施质量管理是组织的各项管理的主线。

第三，质量管理涉及组织的各个方面，是否有效地实施质量管理关系到组织的兴衰。组织的最高管理者应正式发布本组织的质量方针，在确立质量目标的基础上，按照质量管理的基本原则，运用管理的系统方法来建立质量管理体系，为实现质量方针和质量目标配备必要的人力和物资资源，开展各项相关的质量活动，这也是各级管理者的职责。所以，组织应采取激励措施激发全体员工积极参与，充分发挥他们的才干和工作热情，造就人人争做贡献的工作环境，确保质量策划、质量控制、质量保证和质量改进活动顺利地进行。

1. 质量方针和质量目标

质量方针是指由组织的最高管理者正式发布的该组织总的质量宗旨和质量方向。质量方针是企业经营总方针的组成部分，是企业管理者对质量的指导思想和承诺。企业最高管理者应确定质量方针形成文件。

质量方针的基本要求应包括供方的组织目标和顾客的期望和需求，也是供方质量行为的准则。

质量目标是组织在质量方面所追求的目的，是组织质量方针的具体体现，目标既要先进，又要可行，便于实施和检查。

2. 质量策划

质量策划是质量管理的一部分，致力于制定质量目标并规定必要的运行过程和相关资源以实现质量目标。

质量策划幕后关键是制定质量目标并设法使其实现。质量目标是在质量方面所追求的目的，其通常依据组织的质量方针制定，并且通常对组织的相关职能和层次分别规定质量目标。

3. 质量控制

质量控制是质量管理的一部分，致力于满足质量要求。

作为质量管理的一部分，质量控制适用于对组织任何质量的控制，不仅仅限于生产领域，还适用于产品的设计、生产原料的采购、服务的提供、市场营销、人力资源的配置，涉及组织内几乎所有的活动。质量控制的目的是保证质量，满足要求。为此，要解决要求（标准）是什么、如何实现（过程）、需要对哪些进行控制等问题。

质量控制是一个设定标准（根据质量要求）、测量结果，判定是否达到了预期要求，对质量问题采取措施进行补救并防止再发生的过程，质量控制不是检验。在生产前对生产过程进行评审和评价的过程也是质量控制的一个组成部分。总之，质量控制是一个确保生产出来的产品满足要求的过程。例如,为了控制采购过程的质量,采取的控制措施可以有:确定采购文件(规定采购的产品及其质量要求),通过评定选择合格的供货单位,规定对进货质量的验证方法,做好相关质量记录的保管并定期进行业绩分析。为了选择合格的供货单位而采用的评定方法可以有:评价候选供货单位的质量管理体系、检验其产品样品、小样试用、考察其业绩等。再如,为了控制生产过程,例如某一工序的质量,可以通过作业指导书规定生产该工序使用的设备、工艺装备、加工方法、检验方法等,对特殊过程或关键工序还可以采取控制图法监视其质量的波动情况。

4. 质量保证

质量保证是质量管理的一部分,致力于提供质量要求会得到满足的信任。

质量保证定义的关键词是"信任",对达到预期质量要求的能力提供足够的信任。这种信任是在订货前建立起来的,如果顾客对供方没有这种信任则不会与之订货。质量保证不是买到不合格产品以后保修、保换、保退保证质量、满足要求是质量保证的基础和前提,质量管理体系的建立和运行是提供信任的重要手段。因为质量管理体系将所有影响质量的因素,包括技术、管理和人员方面的,都采取了有效的方法进行控制,因而具有减少、消除、特别是预防不合格的机制。

组织规定的质量要求,包括产品的、过程的和体系的要求,必须完全反映客户的需求,才能给顾客以足够的信任。因此,质量保证要求,即顾客对供方的质量体系要求往往需要证实,以使顾客具有足够的信任。证实的方法可包括:供方的合格声明;提供形成文件的基本证据(如质量手册,第三方的型式检验报告);提供由其他顾客认定的证据;顾客亲自审核;由第三方进行审核;提供经国家认可的认证机构出具的认证证据(如质量体系认证证书或名录)。

质量保证是在有两方的情况下才存在,由一方向另一方提供信任。由于两方的具体情况不同,质量保证分为内部和外部两种,内部质量保证是组织向自己的管理者提供信任;外部质量保证是组织向顾客或其他方提供信任。

5. 质量改进

质量改进是质量管理的一部分,致力于增强满足质量要求的能力。

作为质量管理的一部分,质量改进的目的在于增强组织满足质量要求的能力,由于要求可以是任何方面的,因此,质量改进的对象也可能会涉及组织的质量管理体系、过程和产品,可能会涉及组织的方方面面;同时,由于各方面的要求不同,为确保有效性、效率或可追溯性,组织应注意识别需该进的项目和关键质量要求,考虑改进所需的过程,以增强组织体系或过程实现产品并使其满足要求的能力。

2.1.3 全面质量管理

全面质量管理的概念最早见于1961年美国通用电气公司质量经理菲根堡姆发表的《全面质量管理》一书,他指出:"全面质量管理是为了能够在最经济的水平上并考虑到充分满足顾客需求的条件下进行市场研究、设计、生产和服务,把企业各部门的研制质量、维持质量和提高质量的活动构成一体的有效体系。"菲根堡姆首次提出了质量体系问题,提出质量管理的主要任务是建立质量管理体系,这一个全新的见解,具有划时代的意义。菲根堡姆的思想在日本、美国、欧洲和其他许多国家广泛传播,并在各国的实践中得到了丰富和发展。

1. 全面质量管理的含义

全面质量管理（Total Quality Management，TQM）就是指一个组织以质量为中心，以全员参与为基础，目的在于通过让顾客满意和让本组织所有成员及社会受益而达到长期成功的一种管理途径。在全面质量管理中，质量这个概念与全部管理目标的实现有关。

2. 全面质量管理的特点

① 具有全面性，管理控制产品质量的各个环节、各个阶段。
② 全过程的质量管理。
③ 全员参与的质量管理。
④ 全社会参与的质量管理。

3. 全面质量管理的基本观点

（1）为用户服务的观点

在企业内部，凡接收上道工序的产品进行再生产的下道工序，就是上道工序的用户，"为用户服务"和"下道工序就是用户"是全面质量管理的一个基本观点。通过每道工序的质量控制，达到提高最终产品质量的目的。

（2）全面管理的观点

所谓全面管理，就是进行全过程的管理、全企业的管理和全员的管理。

- 全过程的管理：全面质量管理要求对产品生产过程进行全面控制。
- 全企业管理：全企业管理的一个重要特点，是强调质量管理工作不局限于质量管理部门，要求企业所属各单位、各部门都要参与质量管理工作，共同对产品质量负责。
- 全员管理：全面质量管理要求把质量控制工作落实到每一名员工，让每一名员工都关心产品质量。

（3）以预防为主的观点

以预防为主，就是对产品质量进行事前控制，把事故消灭在发生之前，使每一道工序都处于控制状态。

（4）用数据说话的观点

科学的质量管理，必须依据正确的数据资料进行加工、分析和处理找出规律，再结合专业技术和实际情况，对存在问题做出正确判断并采取正确措施。

4. 质量控制的四个阶段

第一个阶段称为计划阶段，又叫 P 阶段（Plan），这个阶段的主要内容是通过市场调查、用户访问、国家计划指示等，摸清用户对产品质量的要求，确定质量政策、质量目标和质量计划等。

第二个阶段为执行阶段，又称 D 阶段（Do），这个阶段是实施 P 阶段所规定的内容，如根据质量标准进行产品设计、试制、试验，还包括计划执行前的人员培训。

第三个阶段为检查阶段，又称 C 阶段（Check），这个阶段主要是在计划执行过程中或执行之后，检查执行情况，是否符合计划的预期结果。

第四个阶段为处理阶段，又称 A 阶段（Action），主要是根据检查结果，采取相应的措施。

2.2 供应商质量管控

供应商是指为企业生产和科研单位研发提供原材料、部件、设备及其他资源的企业,供应商既可以是生产性的企业,也可以是流通性的企业。供应商管理是指通过对信息流、物流、资金流的控制,将采购企业、供应商、供应商的供应商连成一个有机整体的管理模式。

企业间竞争已成为整个供应链的竞争已是不争的现实,供应商已成为一种战略筹码,谁拥有具有独特优势的供应商,谁就能赢得竞争优势。加强对供应商团队的管理可以缩短交货期,提高产品质量,降低成本,提升企业在市场竞争中的应变能力。做好供应商的选择与管理,建立科学合理的供应商选择及管理体系,对于提高供应商管理的效益,提高企业核心竞争力,有着重大的意义。

因此,在今天这样一个非常复杂和竞争激烈的商业环境中,企业要想在竞争中建立自己的竞争优势,必须对供应商进行有效管理,以获得供应商对自己的支持与配合。而选择合适的供应商是成功管理供应商的第一步。

2.2.1 供应商管控的作用

① 增加对采购业务的控制能力。
② 通过长期的、有信任保证的订货合同保证了满足采购的要求。
③ 减少和消除了不必要的对进购产品的检查活动。

在现在经济发展中,越来越多的企业选择外发产品,最出名的例子就是 DELL,和 DELL 做生意的厂商统统都是最好的厂商,比如说微创、广达电脑、人宝电脑、台达电子、光宝电子。戴尔电脑对伙伴关系非常重视,不会一看哪边供货便宜就哪边进行,戴尔非常注重伙伴的关系,也因为如此跟供货伙伴之间都是双赢的关系。戴尔虽然要求非常严谨,但是不会严苛。DELL 能有今天的发展,离不开供应商的协助。

所以说选择一家好的供应商,对于一个企业来说是至关重要的,而对于中小企业,如何选择合适的供应商就更重要了。

2.2.2 供应商的选择

1. 选择供应商考虑的因素

供应商管理的前提是确定合格的供应商。不同的企业通过不同的途径来寻找并且选择自己的供应商,有的企业根据新闻媒体的广告来获得供应商的信息并进行选择;有的企业通过互联网来寻找自己的供应商;有的企业根据行业期刊的信息来选择自己的供应商;也有的企业通过招标的方式来选择自己的供应商。不管通过何种途径来选择自己的供应商,都应该考虑以下几方面的因素。

(1) 质量因素

质量是供应链的生存之本,产品的使用价值是以产品质量为基础的,它决定了最终消费品的质量,影响着产品的市场竞争力和占有率。因此,质量是选择供应商的一个重要因素。

(2) 价格因素

价格低，意味着企业可以降低其生产经营的成本，对企业提高竞争力和增加利润，有着明显的作用，是选择供应商的重要因素。但是价格最低的供应商不一定就是最合适的，还需要考虑产品质量、交货时间以及运输费用等诸多因素。

(3) 交货准时性因素

能否按约定时间和地点将产品准时运至直接影响企业生产和供应活动的连续性，也会影响各级供应链的库存水平，继而影响企业对市场的反应速度，打断生产商的生产计划和销售商的销售计划。

(4) 品种柔性因素

要想在激烈的竞争中生存和发展，企业生产的产品必须多样化，以适应消费者的需求，达到占有市场和获取利润的目的。而产品的多样化是以供应商的品种柔性为基础的，它决定了消费品的种类。

(5) 其他影响因素

包括设计能力、特殊工艺能力、整体服务水平、项目管理能力等因素。

2. 如何选择需要的供应商

对于企业来说，供应商并不是越大，技术在世界最先进就是好，如果说采购企业的产品量各方面都很小，那么对大供应商进行管理就是一个问题。所以选择供应商可以从以下两个方面考虑。

(1) 门当户对原则

供应商的规模及层次要和采购商相当。这个很重要，如果采购商的需求量只占到供应商产量的百分之几，那采购商的产品的价格以及供应量交期都会有一定的问题。

例如：有一公司找了一家供应商，该供应商专门给三星、西门子供货，就两家的供货量要占到该供应商产量的 95% 以上。可想这家公司对这样的供应商很难进行管理，之后该公司找了一家小供应商，该家小供应商机器设备齐全，就是没有订单，经过一定的培训后，成为最配合他们公司的一家供应商。

(2) 供应商数量

对于主要供应商来说（相对于客户来说），同类物料的供应商数量应该在 2 家以上，这样也就可以保证产品供应稳定，因为在工作当中可能会出现供应商因为各种原因，而停止供货，这个时候如果临时去找供应商肯定来不急。供应商需进行主次之分，这样每年可以降低管理成本并且达到更好、更有效的管理。

特别说明：在选择供应商，考察结果后，签订《采购合约》时，一定要签订《品质合约》。《品质合约》主要是为了在日常管理过程中，能够对供应商进行更有效的控制。

品质合约一般有以下条款：（以某公司制定的条款为例）

① 每批出货时的出货包括：报表须真实，相关资料必须齐全（包括材质证明等材料证明）。

② 针对问题单的处理情况：为了解供应商品质异常状况是否有改善，针对异常会发异常联络单告之各供应商，异常改善报告必须在一周内回复，不能回复者会给以相应处罚。

③ 针对供应商每月的考核。对各供应商进行考核，以让各供应商了解一月进料品质状况，会在每月供应商品质会议上告之。供应商进料 PPM 多少，每月未达到品质目标供应商

进行检讨改善。

④ 供应商每月品质会议：为了加强供应商的品质管理，在每月某日召开供应商品质会议，会议人员是各厂商品质决策者（如有特殊情况可由工程师以上人员替代，但须事先联系），不参加者会给以相应处罚。

⑤ 扣款事宜，示范如下：

- 为了解各厂商不合格状况我公司会发异常联络单，联络单必须在指定时间内回复（一周之内）。超过时间我公司会以 50~200 元不等罚款（特殊情况须附证据向我公司说明）。
- 针对我公司向各厂商所要的相关报表，各厂商必须在送料时全部附带且不能有复印件或传真件。少带、没有或报表缺乏真实性，我公司会以每次 100 元罚款（如果时间紧急须事先向我公司 SQE 提出，我公司可接受厂商后补的传真件，但必须在 8 小时内补上）。
- 针对厂商的异常现象，我公司会加以追踪，同一异常连续发生三次或以上，我公司按其未改善做论处扣款 100~1000 元；另返工好的产品不能再次出现异常，如发生第二次或由返工造成产品其他地方不合格，我公司会扣款 100~500 元处罚（特殊原因附带相关证据告之我公司）。
- 我公司对各供应商的品质出现异常会要求其来我公司检讨，避免日后再次发生同样问题。要求来时其必须按照我公司所说的时间到达。如在电话通知过程中私自挂电话我公司会以其不配合以 100~1000 元处罚（特殊情况须提前通知）。若通知后未来我公司检讨者，将以每次 500 元进行扣款。
- 我公司在每月五日召开供应商品质会议，如不参加者我公司会以其不配合以 100~1000 元处罚（特殊情况须提前通知）。
- 如因厂商的品质问题导致我公司造成重大事故或使我公司被扣款，我公司会将一切费用特嫁到厂商，厂商须无条件接受。如果产品需要返工，厂商须派人来我公司或到我公司客户端返工（按时到达）。
- 厂商产品出现异常，且返工挑选出来的不合格品经确认后非我公司原因，厂商必须按时及无条件地将不合格品拉回返工。按我公司规定的时间将返工好的产品送来，如果不能履行我公司会扣款 100~500 元罚款。
- 供应商来料不合格，造成我公司工程不合格超过 5% 时，我公司品保人员将会提报《扣款通知单》进行扣款，厂商需无条件接受。

图 2.1 所示为采购关系管理和供应商选择过程的五个阶段。

2.2.3 供应商的管理

1. 供应商的日常管理

供应商日常管理是个很重要的环节。

(1) 供应商每月考核

供应商连续考核不合格就要对供应商进行针对性的稽核。供应商每个月考核一般分为：

① 依据批次受入检查合格率的评分标准评定。

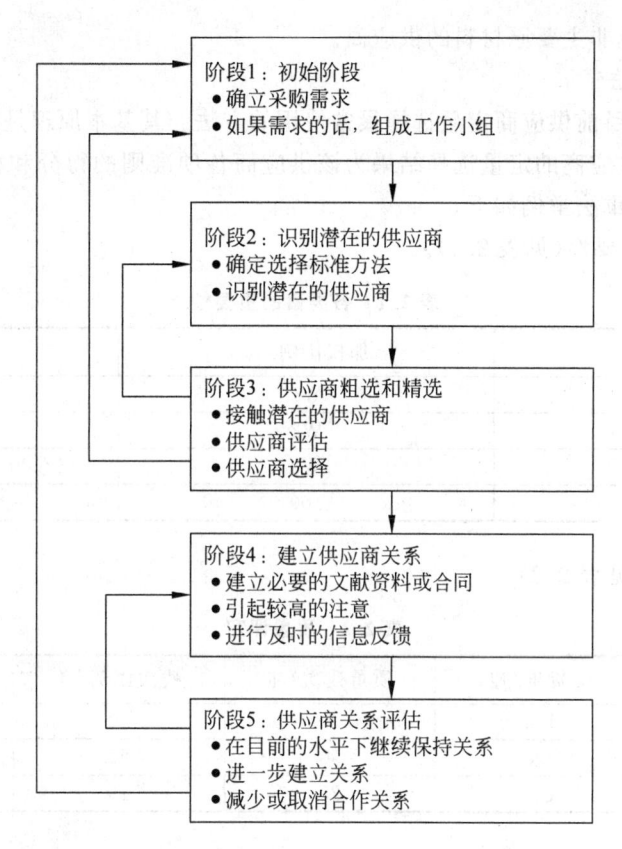

```
┌─────────────────────────────┐
│ 阶段1：初始阶段              │
│  • 确立采购需求              │
│  • 如果需求的话，组成工作小组│
└─────────────┬───────────────┘
              ↓
┌─────────────────────────────┐
│ 阶段2：识别潜在的供应商      │
│  • 确定选择标准方法          │
│  • 识别潜在的供应商          │
└─────────────┬───────────────┘
              ↓
┌─────────────────────────────┐
│ 阶段3：供应商粗选和精选      │
│  • 接触潜在的供应商          │
│  • 供应商评估                │
│  • 供应商选择                │
└─────────────┬───────────────┘
              ↓
┌─────────────────────────────┐
│ 阶段4：建立供应商关系        │
│  • 建立必要的文献资料或合同  │
│  • 引起较高的注意            │
│  • 进行及时的信息反馈        │
└─────────────┬───────────────┘
              ↓
┌─────────────────────────────┐
│ 阶段5：供应商关系评估        │
│  • 在目前的水平下继续保持关系│
│  • 进一步建立关系            │
│  • 减少或取消合作关系        │
└─────────────────────────────┘
```

图 2.1 采购关系管理和供应商选择过程的五个阶段

② 依据交货及时率的评分标准评定。
③ 依据品质改善及时性和效果评定。
④ 依据服务态度评定。
⑤ 依据文件回复及时性和合理性评定。

(2) 供应商稽核

一般根据供应商的主次要程度，可以每年联合品质、采购、物流等部门对供应商进行1至2次的稽核，也可以单独进行稽核。稽核次数和时机可根据各个公司情况来定。

对于稽核不过的供应商可以改善后再次进行稽核，一般公司会规定如连续2~3次稽核不通过，应对供应商进行除名。

(3) 供应商网络化管理

随着网络的发展，目前很多大企业，特别是跨国大企业，目前来说在汽车、电器行业跨国企业中间比较流行——利用供应商管理平台对供应商进行控制，可以通过网络管理平台对供应商各个环节进行监控，达到数据真实可靠；也达到无纸化作业，节约了成本。

供应商管理是一门很大的学科，如何进行有效分析、学习，是管理人员考虑的首要问题。在不久的将来，经过管理人员的努力，中国的供应商管理一定会上一个台阶。

2. 供应商的评价方法

(1) 直观判断法

直观判断法属于定性选择方法，主要根据征询和调查所得的资料并结合个人的分析判断,常用于选择企业非主要原材料的供应商。

（2）线性权重法

线性权重法是目前供应商定量选择最常使用的方法。其基本原理是给每个选择标准分配一个权重,每个供应商的定量选择结果为该供应商各项准则的得分和相应准则的权重的乘积的和。线性权重法举例如下。

① 各要素的重要性（见表2.1）。

表2.1 各要素的重要性

评价要素	加权比例/%	结果
质量	W1	50%
交货	W2	40%
服务	W3	10%
合计	100	100%

② 质量评定（见表2.2）

表2.2 质量评定

供货厂商	交货量/吨	质量残次/吨	残次比例/%	合格率/%
A	150	30	20	80
B	200	50	25	75
C	175	25	13	87

③ 交货评定（见表2.3）。

表2.3 交货评定

延期交货的天数	加权（延期内按每日计）
1～10	1
11～20	2
21～25	3
25以上	4

假设每个供货厂商都有四个订单：

订单数	供货厂商A		供货厂商B		供货厂商C	
	延期天数	延期加权	延期天数	延期加权	延期天数	延期加权
1	4	4×1=4	15	10×1=10 5×2=10	7	7×1=7
2	13	10×1=10 3×2=6	8	8×1=8	4	4×1=4
3	9	9×1=9	18	10×1=10 8×2=16	23	10×1=10 10×2=20 3×3=9
4	16	10×1=10 6×2=12	10	10×1=10	12	10×1=10 2×2=4
综合延期加权		51		64		64
每单平均值		12.8		16		16

④ 供应商服务等级评定(见表2.4)。

表2.4 供应商服务等级评定

评定项目	加权	得分(10分满分) A	B	C	加权得分 A	B	C
合作程度	2	8	9	7	16	18	14
文件的精确性	2	7	8	8	14	16	16
响应速度	2	7	8	7	14	16	14
售后服务	4	8	9	8	32	36	32
合计	10	30	34	30	76	86	76

⑤ 评定结果(见表2.5)。

表2.5 评定结果

	加权/%	A	B	C
质量	50	0.5×80=40	0.5×75=37.5	0.5×87=43.5
交货	40	0.4×87=43.8	0.4×84=33.6	0.4×84=33.6
服务	10	0.1×76=7.6	0.1×86=8.6	0.1×76=7.6
合计	100	82.4	79.7	84.7

(3) 多目标数学规划法

多目标数学规划的基本方法是确定多个目标(选择准则)的权重。

供应商管理全过程如图2.2所示。

2.3 供应商审核体系

2.3.1 供应商审核概述

供应商审核是在完成供应市场调研、对潜在的供应商已做初步选择的基础上，针对可能发展的供应商进行的。

供应商审核包括供应商认可审核和供应商质量体系审核。

质量体系审核很重要，有时与供应商认可审核同时进行，有时分开进行。

1. 供应商审核的层次
- 产品层次：确认、改进供应商的产品质量。
- 工艺过程层次：针对质量对生产工艺有很强依赖性的商品。
- 质量保证体系层次：依据ISO9000标准。
- 公司层次：经营管理水平、财务与成本控制、计划制造系统、设计工程能力等各主要企业的管理过程。

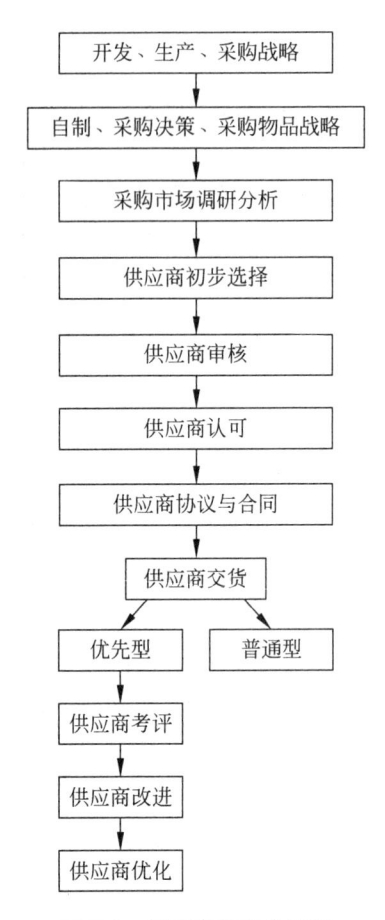

```
开发、生产、采购战略
        ↓
自制、采购决策、采购物品战略
        ↓
  采购市场调研分析
        ↓
   供应商初步选择
        ↓
    供应商审核
        ↓
    供应商认可
        ↓
   供应商协议与合同
        ↓
    供应商交货
      ↙    ↘
  优先型    普通型
    ↓
  供应商考评
    ↓
  供应商改进
    ↓
  供应商优化
```

图 2.2 供应商管理全过程

2. 供应商审核的方法
- 主观法：依据个人的印象或经验对供应商进行评判。
- 客观法：依据事先制定的标准或准则对供应商情况尽可能量化考核。

2.3.2 供应商认可审核

1. 认定一个供应商前，至少应满足三个条件
- 供应商提交的样板通过认证。
- 价格及其他商务条款符合要求。
- 供应商审核必须合格。

2. 供应商认可审核的形式
- 调查问卷：供应商认可审核的调查问卷形式如表 2.6 所示。
- 现场审核：供应商审核检查标准如表 2.7 所示。

2.3.3 供应商质量体系审核

1. 供应商质量体系审核说明
- 审核原则上必须在供应商生产现场进行。

- 审核范围应集中在供应商生产与本公司产品相关的行政及生产领域。
- 审核的结果可作为供应商认可的依据。

2. 供应商质量体系审核主要内容

供应商质量体系审核主要内容包括：管理职责、资源管理、过程管理、监测分析与改进。表2.8所示为供应商质量体系审核表。

表2.6 供应商认可审核的调查问卷形式

供应商名称：
地址：　　　　　　　电话：　　　　　　　传真：
电子邮件：
厂长：　　　　　　　　　　　　　　　　业务联系人：
1 基本情况：
2 质量体系：
3 生产计划及物料管理
4 生产技术、工艺水平及工程能力 4.1 开发、生产部门的功能、架构为： 4.2 产品研发：　　人；工艺：　　人；过程工程师：　　人；其他工程技术人员： 4.3 自己设计的主要产品有：　　　工具、模具有： 4.4 主要设计制作的设备有： 4.5 产品的开发周期为： 4.6 有否客户参与产品或工艺开发，如何参与： 4.7 有否供应商参与产品或工艺开发，如何参与 4.8 主要设计构件及功能： 4.9 主要生产设备： 4.10 设备利用率：　　　　设备故障率：　　　　生产效率： 4.11 模具制造维修主要设备设施有： 4.12 技术人员年流失率：　　职员年流失率：　　工人年流失率：
5 环境管理
综合该供应商的基本情况调查：初步意见为： （　）优秀　（　）良好　（　）一般　（　）差 对该供应商评审认可的工作安排建议：（　）继续　（　）停止 评审人：　　　日期：　　　核定人：　　　采购员：　　　采购经理：

表2.7 供应商审核检查标准

供应商名称：　　　提供本公司的产品：　　　　联系人： 电话：　　　传真：　　　电子邮件：　　　　供应商地址：
第一部分：基本情况
第二部分：企业管理
第三部分：质量体系及保证
第四部分：设计、工程与工艺

续表

第五部分：生产			
第六部分：企划与物流			
评审内容（要素）	适用否	观察记录	得分
1 机构设置			
2 物流管理系统			
物流管理	是否	0-25-50-75-100	
物料的可追溯性	是否	0-25-50-75-100	
仓储条件	是否	0-25-50-75-100	
仓储量	是否	0-25-50-75-100	
先进先出	是否	0-25-50-75-100	
MRP 系统	是否	0-25-50-75-100	
3 发货交单			
4 供应商管理			
第六部分综合得分：			
第七部分：环境管理			
第八部分：市场及顾客服务与支持			
供应商审核综合得分：			

表 2.8　供应商质量体系审核表

供应商名称：	提供本公司的产品：	审核主要区域及供应商参与人员：
审核日期：		审核员：

1 管理职责

2 资源管理
　——总则
　——人力资源
质量管理体系中相关人员技能等合格
有程序界定培训需求、培训计划、培训评估等
所有人员经培训掌握相应的质量管理体系的要求
所有人员了解自己相应的质量职责
　——信息
　——基础设施与工作环境

3 过程管理

4 监测分析与改进

供应商质量体系审核总平均分：
结论：很差　　差　　一般　　良好　　优秀

（1）管理职责的具体内容

具体内容有：总则、顾客需求、法规要求、质量方针、质量目标与计划、质量管理体系、管理评审。

(2) 资源管理的具体内容

具体内容有：总则、人力资源、其他资源(信息、基础设施、工作环境)。

(3) 过程管理的具体内容

具体内容有：总则、与顾客相关的过程、设计与开发、采购、生产与服务运作、不合格品的控制、售后服务。

(4) 监测、分析与改进的具体内容

具体内容有：总则、监测、数据分析、改进。

3. 审核结果跟进

① 提出不合格项目。

② 由供应商提出纠正措施。

表 2.9 所示为供应商质量体系年度审核纠正措施报告。

表 2.9 供应商质量体系年度审核纠正措施报告

供应商名称：	
审核日期：	报告编号：
审核人：	被审核单位代表：
不合格项目描述：(由审核人填写)	
纠正措施(由被审核单位填写) 1 短期措施：(如何、谁、何时) 2 长期措施：(如何、谁、何时)	
措施提出人签名：	
跟进结果(被审核单位填写)	
跟进结果(审核人员填写)	
结论：该纠正措施已(未)实施到位，下一步行动	

并非所有公司都实施 ISO9000 系列标准，也有的公司结合自身特点制订了标准及相应程序，如福特公司。表 2.10 所示为福特公司的供应商质量审核体系。

表 2.10 福特公司的供应商质量审核体系

项目	行动计划
	1月 2月 3月 4月 5月 6月 7月 8月 9月 10月
1 组织机构	
2 计划	
3 文件及工艺变化管理	
4 制造设备控制	
5 生产程序作业指导	
6 检验程序作业指导	
7 标准	
8 检验手段	
9 采购件的质量保证	
10 过程参数	
11 过程检验	
12 最终检验	
13 抽样作业指导	
14 不合格项	
15 质量与检验状态	
16 物料处理	
17 人员培训	
18 文件与登记	
19 纠正措施	
20 对供应商的检验	
分类	要求得分
A1 合格	825～855
A2 合格、仍有改进余地	755～820
B1 可接受	645～750
B2 有保留接受	535～640
C 不可接受	

技能训练 2：供应商质量管控方法技能训练

一、供应商考评实施

1. 供应商考评

对现有的供应商实际表现进行定期的监测、考核。

2. 国际通用的供应商考评指标

质量指标、供应指标、经济指标、支持、配合与服务指标。

（1）质量指标

① 来料批次合格率＝合格来料批次/来料总批次×100%

② 来料抽检缺陷率＝抽检缺陷总数/抽检样品总数×100%

③ 来料在线报废率＝来料总报废数/来料总数×100%

④ 来料免检率＝来料免检的种类数/该供应商供应的产品总种类数×100%

（2）供应指标

① 准时交货率：按时按量交货的实际批次/订单确认的交货总批次×100%

② 交货周期：自订单开出之日到收货之时的长度（天）

③ 订单变化接受率：订单增加或减少的交货数量/订单原订的交货数量×100%

（3）经济指标

① 价格水平，同本公司所掌握的市场行情进行比较。

② 报价是否及时、报价单是否客观、具体、透明。

③ 降低成本的态度及行动。

④ 分享降价成本。

⑤ 付款条件。

（4）支持、配合与服务指标

① 反应表现：对订单、交货、质量投诉等的反应。

② 沟通手段：是否有合适的人员与本公司沟通，沟通手段是否符合要求。

③ 合作态度：是否将本公司看成是重要客户。

④ 共同改进：是否积极参与本公司相关的质量、供应、成本等改进项目或活动。

⑤ 售后服务：是否积极提供各种服务活动。

⑥ 参与开发：是否积极参与支持本公司项目研发。

⑦ 其他支持：是否提供本公司其他需求支持。

二、供应商考评指标实施细则（设计实施细则表格）

1. 供应商质量与交货考评细则（见表 2.11）

表 2.11 供应商质量与交货考评细则

批次合格率	得分	准时交货率	得分
100%	35	99%～100%	25
≥99.5%	30	95%～99%	20
≥98.5%	25	90%～95%	15
≥97.5%	15	80%～90%	10
≥95%	5	70%～80%	5
<95%	0	<70%	0

2. 供应商价格与支持考评细则(见表 2.12)

表 2.12 供应商价格与支持考评细则

价格	得分	支持	得分
报价合理具体透明	2	反应及时到位	5
价格具有竞争力	12	合作态度良好	3
不断降低成本	2	沟通手段齐备	3
让顾客分享降低成本的利益	2	共同改进积极	5
收款发票合格及时	2	其他	4
满分	20	满分	20

3. 供应商综合考评报告(见表 2.13)

表 2.13 供应商综合考评报告

细则	总分	某年某月考评各项表现得分											
		1月	2月	3月	4月	5月	6月	7月	8月	9月	10月	11月	12月
质量	35	23	24	24	28	30	33						
交货	25	24	24	23	22	24	24						
价格	20	14	14	14	15	15	15						
支持	20	12	12	12	12	12	12						
总得分	100	73	74	73	79	81	86						

思考题：

1. 供应商质量管控的职责是什么？
2. 如何理解全面质量管理？
3. 如何选择合适的供应商？
4. 供应商审核体系包括哪些方面？有何意义？
5. 选择好供应商后是否就可以长期合作？后期应如何管理？

项目3

制造过程质量管控

【项目描述】

过程质量管控又称 PQC（Process Quality Control），外企通常称为制程管控，是指产品从物料投入生产到产品最终包装的制造过程中的质量管控。

【学习目标】

(1) 掌握 ESD、EOS 的基本知识。

(2) 了解 SOP 的具体事项。

(3) 会使用基本报表。

(4) 熟悉产品质量管理工具及手法。

(5) 掌握统计学的基本知识，利用 MINITAB 做一般的统计分析。

【能力目标】

(1) 能运用静电放电（ElectroStatic Discharge，ESD）的控制方法来防范生产作业中的 EOS（电气过应力）和静电损害。

(2) 能理解 SOP（标准作业流程）的具体事项，并根据具体产品的工艺要求编写 SOP、安排操作顺序和操作要点。

(3) 能运用品质控制的 7 种工具（统计分析法、数据分层法、排列图、因果分析图、直方图、散布图、控制图）进行产品制造过程质量管控。

(4) 能制作制造过程质量管控的常用报表。

3.1 过程质量管控 PQC 的基本概念与过程

【任务要求】

(1) 能运用电子产品制程品质管控的基本要素，理解电子产品制造过程质量管控方法。

(2) 能理解电子产品从物料投入生产到最终包装过程中品质管控的一般活动过程。

3.1.1 制造过程质量管控的基本概念

1. 制造过程质量管控的基本概念

① 制造过程质量管控是产品在生产过程中通过设定某种品质活动来确保过程按照预

定的方向发展。

② 制造过程质量管控的最终目标。产品的制造过程不仅要保持品管结果向上,还要做到持续改善。这可以通过建立控制系统、使用控制工具等实现。

2. 电子产品的制造过程与管理的组织结构

(1) 电子产品制造过程

电子产品的制造过程是指产品从设计、开发到推向市场的全过程。

(2) 制造过程具体包括的三个阶段

主要是产品的设计、试制和批量生产这三个阶段。

3. 电子产品的制造管理

(1) 电子产品制造管理

一般来说,电子产品具有的特点有体积小、重量轻、使用广泛,可用于不同的领域、场合和环境;可靠性高;使用寿命长;一些制造电子产品的机械设备精度高,控制系统复杂;电子产品的技术综合性强;产品更新快,性能也不断改善。

(2) 电子产品的组织形式

- 配备完整的技术文件、各种定额资料和工艺装备,为正确生产提供依据和保证。
- 制定批量生产的工艺方案。
- 进行工艺质量评审。
- 按照生产现场工艺管理的要求,积极采用现代化的、科学的管理办法,组织并指导产品的批量生产。
- 生产总结。

(3) 生产组织标准

生产组织标准是进行生产组织形式的科学手段。它可以分为以下几类:

- 生产的"期、量"标准。"量"的标准是指为了保证生产过程的比例性、连续性和经济性而为各生产环节规定的生产批量和储备量标准。"期"的标准是指为了保证生产过程的连续性、及时性和经济性,而对各类零件在生产时间上合理安排的规定。
- 生产能力标准。
- 资源消耗标准。
- 组织方法标准。
- 组织方法标准是指对生产过程进行计划、组织、控制的通用方法、程序和规程。这类标准可以推广先进组织方法,提高生产组织的科学水平和经济效果,保证组织工作的统一协调。

(4) 电子产品生产的组织结构

图 3.1 所示为电子制造企业制程管控的典型组织结构图。

3.1.2 制造过程质量管控的现场管理

1. 制造过程管控现场管理

现场管理就是指用科学的管理制度、标准和方法对生产现场各生产要素,包括人(工人和管理人员)、机(设备、工具、工位器具)、料(原材料)、法(加工、检测方法)、环(环境)、信(信息)等进行合理有效的计划、组织、协调、控制和检测,使其处于良好的结合状态,达到优质、

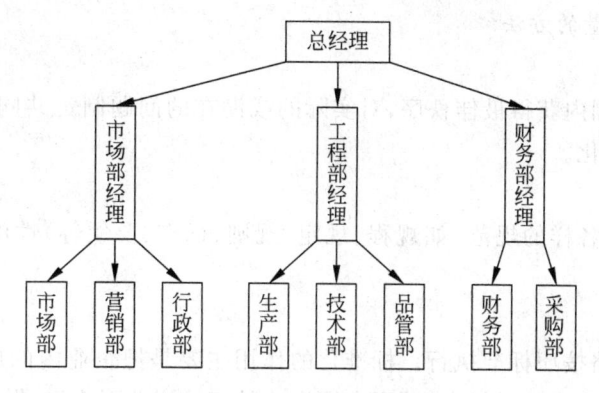

图 3.1 电子制造企业制程管控的典型组织结构图

高效、低耗、均衡、安全、文明生产的目的。

现场质量管理的目标是保证和提高质量,其任务包括以下四个方面:
- 质量缺陷的预防。
- 质量维持。
- 质量改进。
- 质量评定。

2. 现场质量保证体系

上道工序向下道工序担保自己所提供的在制品或半成品及服务的质量,满足下道工序在质量上的要求,以最终确保产品的整体质量。

现场质量保证体系把各环节、各工序的质量管理职能纳入统一的质量管理系统,形成一个有机整体;把生产现场的工作质量和产品质量联系起来;把现场的质量管理活动同设计质量、市场信息反馈沟通起来,结成一体;从而使现场质量管理工作制度化、经常化,有效地保证企业产品的最终质量。

3. 现场质量管理工作的具体内容

① 生产或服务现场的管理人员、技术人员和生产工人(服务人员)都有要执行现场质量管理的任务。

② 管理人员、技术人员在现场质量管理中的工作是为工人稳定、经济地生产出满足规定要求的产品提供必要的物质、技术和管理等条件。

③ 工人在现场质量管理工作中的具体工作内容有:
- 掌握产品质量波动规律。产品质量波动按照原因不同,可以分为以下两类。

一类是正常波动。由一些偶然因素、随机因素引起的质量差异。这些波动是大量的、经常存在的,同时也是不可能完全避免的。

另一类是异常波动。由一些系统性因素引起的质量差异。这些波动带有方向性,质量波动大,使工序处于不稳定或失控状态。这是质量管理中不允许的波动。
- 做好文明生产和"5S"活动。
- 认真执行本岗位的质量职责。
- 为建立、健全质量信息系统提供必要的质量动态信息和质量反馈信息。

4. 保证现场质量的方法

(1) 标准化

为在一定的范围内获得最佳秩序,对实际的或潜在的问题制定共同的和重复使用的规则的活动,称为标准化。

(2) 标准

在企业中,各种各样的规范(如规程、规定、规则、标准、要领等)性的内容,统称为标准(或称标准书)。

(3) 制定标准

标准化要求严格按照标准执行。标准化的作用主要是把企业内的成员所积累的技术、经验,通过文件的方式来加以保存,而不会因企业员工的流动而流失,做到个人知道多少,组织就知道多少。

(4) 标准化管理

标准化管理包括:目视管理、管理公告栏(外企称看板)、现场质量检验、不合格品管理。

目视管理是利用形象直观而色彩又适宜的各种视觉感知信息来组织现场生产活动,达到提高劳动生产率的一种管理手段,也是一种利用视觉来进行管理的科学方法。目视管理可以防止"因人的失误"导致的质量问题;使设备异常"显现化";能正确地实施点检(主要是计量仪器按点检表逐项实施定期点检)。

管理公告栏是管理可视化的一种表现形式,即对数据、情报等的状况一目了然地表现,主要是对于管理项目(特别是情报)进行的透明化管理活动。它通过各种形式(如标语、现况板、图表、电子屏等)把文件上、工作人员的头脑里或现场等隐藏的情报揭示出来,以便任何人都可以及时掌握管理现状和必要的情报,从而能够快速制定并实施应对措施。因此,管理公告栏是发现问题、解决问题的非常有效且直观的手段,是优秀的现场管理必不可少的工具之一。

现场质量检验方式和方法如表 3.1 所示。

表 3.1 现场质量检验方式和方法

分类标志	检验方式、方法	特征
工作过程的次序	预先检验	加工前对原材料、半成品的检验
	中间检验	产品加工过程中的检验
	最后检验	车间完成全部加工或装配后的检验
检验地点	固定检验	在固定地点进行检验
	流动检验	在加工或装配的工作地现场进行
检验质量	普遍检验	对检验对象的全体进行逐件检验
	抽样检验	对检验对象按规定比例抽检
检验的预防性	首件检验	对第一件或头几件产品进行检验
	统计检验	运用统计原理与统计图表进行的检验
检验的执行者	专职检验	项目多、内容杂、需用专用设备
	生产工人自检、互检	内容简单,由生产工人在工作地进行

在现场检验中,经常会采用一种检验制度,它主要表现为操作者"自检"、操作者之间"互检"和专职检验员"专检"相结合的"三检制"。

"自检"就是操作者的"自我把关"。自检又进一步发展成"三自"检验制，即操作者"自检、自分、自标记"的检验制度。

凡不符合产品图纸、技术条件、工艺规程、订货合同和有关技术标准等要求的零部件，称为不合格品，包括废品、次品、返修品三种类型。

标准化管理、目视管理、管理公告栏被称为现场管理的三大工具。

3.2 ESD 的基本知识与防护

【任务要求】
(1) 能运用 ESD(静电放电)的控制方法。
(2) 能防止在生产作业中的 EOS 和静电对产品的损坏。

3.2.1 静电放电的形成途径

1. 静电放电

静电放电(Electro static discharge)简称 ESD。

(1) 静电的来源及其危害

工厂内常见的静电源(静电源指可产生静电荷的物体)有以下几个。

① 环境。包括地板、工作面、工厂主要设备。
- 地板：封蜡的混凝土、打蜡木地板、普通的维尼龙磁砖或平板、人造革化纤毛毯。其产生静电的程度根据静电源材料、静电荷的多少、分离速度、环境湿度的不同而不同。
- 工作面：涂蜡，涂漆或绝缘漆处理的表面，普通的乙烯或塑胶台面。
- 工厂主要设备：SMT(贴片)、DIP(双排直插)、维修等机器设备、复印机、打印机、变压器、发电机等(见图 3.2)。

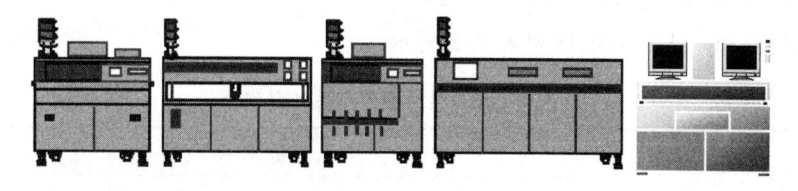

图 3.2　工厂主要设备

② 人。例如，人的皮肤表面、穿的服装，不允许有普通化纤、毛料及在湿度 30% 以下时的纯棉。

③ 材料。这里所述的材料涉及以下部分。
- 原材料，如服装、帽子、鞋子、椅子、周转箱、元件盒、屏蔽盖、夹具等均为防静电材料。
- 包装材料，如普通的塑胶、袋、纸、封皮；普通的气泡套；普通的塑胶盘、塑胶篮、塑胶瓶、料盒。

④ 制造过程。在制造过程中可产生静电的物体有：
- 喷洗清洗机。

- 普通的塑胶吸锡工具。
- 烙铁头接地的电烙铁。
- 人造毛制作的溶剂刷子。
- 液体或蒸汽的清洗或干燥。
- 烘箱。
- 低温喷洗。
- 发热枪和吹风机。
- 喷砂。

相关图示如图 3.3 所示。

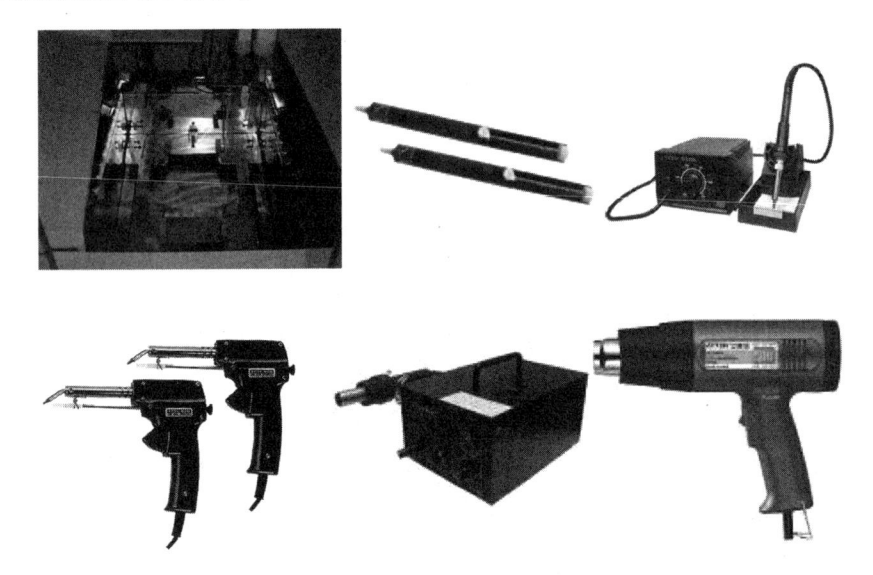

图 3.3 制造过程中可产生静电的物体

2. 人的典型活动产生的静电压

人的典型活动产生的静电压如表 3.2 所示。

表 3.2 人的典型活动产生的静电压

静电产生方式	静电电压/V	
	相对湿度（10%～20%）	相对湿度（65%～90%）
在地毯上行走	35000	1500
在乙烯树脂地板上行走	12000	250
工作台上操作	6000	100
说明书的乙烯树脂封面	7000	600
在工作台拿起乙烯袋子	20000	1200
聚氨脂泡沫垫子	18000	1500

3. ESD 敏感元器件、组件和设备的分级

1 级——易遭 0～1999V ESD 电压危害的电子产品。

2 级——易遭 2000～3999V ESD 电压危害的电子产品。

3 级——易遭 4000~15999V ESD 电压危害的电子产品。

4. 静电放电对半导体元器件造成的失效模式

静电放电对半导体元器件造成的失效模式如表 3.3 所示。

表 3.3 静电放电对半导体元器件造成的失效模式

器件类型	失效模式
二极管	1. 反向漏电流增加,击穿电压降低 2. 正向压降增大
三极管	1. 发射极—基极反向电流增加,击穿电压降低 2. β 减小 3. 噪声系数增大
场效应管	1. 栅-源或栅-漏短路 2. 电极开路
双极型数字电路	1. 输入电流增加 2. 失去功能
双极型线性电路	1. 输入失调电压增大,失调电流增大 2. MOS 电容击穿短路 3. 电极开路
MOS 电路	1. 输入或输出端与源或漏之间漏电流增大 2. 其他参数退化 3. 丧失功能

5. ESD 造成元器件的失效机理

① 热二次击穿：发热→融化→过热增大融化→短路。

② 金属镀层融熔：金属层式融合引线烧熔。

③ 介质击穿（电压击穿）：一般潜在失效的最终形式一次击穿。

④ 气弧后电压放电：引起功能退化。

⑤ 面击穿：表面绝缘击穿。

⑥ 体击穿：二次击穿产生体。

ESD 造成元器件的失效机理如表 3.4 所示。

表 3.4 ESD 造成元器件的失效处理

元器件组成部分	元器件类别	失效机理	失效标志
MOS 结构	MOSFET（分立的） MOS 集成电路 有金属跨接的半导体器件 数字集成电路（双极和 MOS） 线性集成电路（双极和 MOS）	电压引起的介质击穿和接着发生的大电流现象	短路（漏电大）

续表

元器件组成部分	元器件类别	失效机理	失效标志
半导体结	MOS阻容器、混合电路、线性集成电路 二极管(PN、PIN、肖特基) 双极晶体管 结型场效应晶体管 可控硅 数字、线性双极集成电路 输入保护电路：用于分立MOS场效应管和MOS集成电路	由过剩能量和过过引起的微等离子体二次击穿的微扩散	
		由SI和AL的扩散引起电流束的增大（电热迁移）	
薄膜电阻器	混合电路：厚膜电阻、薄膜电阻 单片集成电路—薄膜电阻器 密封薄膜电阻器	介质击穿，与电压有关的电流通路，与焦尔热能量有关的微电流通路的破坏	电阻漂移
金属化条	混合集成电路单片集成电路梳状覆盖式晶体管	与焦尔热量有关的金属烧毁	开路
场效应结构和非导电性盖板	采用非导电石英或陶瓷封装盖板的集成电路和存储器，特别是EPROM	由于ESD使正离子在表面积垒，引起表面反型或栅阈值电压漂移	工作性能退化
压电晶体	晶体振荡器 声表面波器件	当所加电压过大时由于机械力使晶体破裂	工作性能退化
电极间的间距较小部位	声表面波器件无钝化层覆盖的薄膜金属无保护的半导体器件和微电路	电弧放电使电极材料熔融	工作性能退化

3.2.2 静电放电防护

1．静电放电防护基本原则

① 抑制静电的积聚，严格控制静电源。

② 迅速、安全、有效地消除已经产生的静电荷。

③ 防静电工作区应按电子元器件静电放电灵敏度确定保护程度。一般情况下静电压不超过100V。

2．防静电工作区

（1）地面材料

- 禁止直接使用木质地板或铺设毛、麻、化纤地毯及普通地板，人造革地板。
- 应该选用由静电导体材料构成的地面，例如：防静电浮动地板或在普通地面上铺设防静电地垫并有效接地。
- 允许使用经特殊处理过的水磨石地面，如：事先敷设地线网，渗碳或在地面喷涂防静电剂等。

（2）接地

- 防静电系统必须有独立可靠的接地装置，接地电阻一般应小于4Ω，接入时，要增加限流电阻。

- 防静电地线不得接在电源零线上，不得与防雷地线共用。
- 使用三相五线制供电，其大地线可以作为防静电地线（零线、地线不可混接）。
- 防静电设备连接端子应确保接触可靠，易装拆，允许使用各种夹式连接器，如鳄鱼夹、插头座等。
- 接地方式有静电地、软接地、电源地、设备地、硬接地等。
- 接地系统泄漏电流不超过 5mA，极限流电阻下阻值取 1MΩ。

（3）天花板材料

应选用抗静电型材料制品，如石膏板制品。

（4）墙壁面料

应使用抗静电型墙纸，例如：石膏涂料，石灰涂料。

（5）湿度控制

防静电工作区的环境相对湿度以不低于 50% 为宜。

3．防静电设施

（1）静电放电保护区域

静电放电保护区域（Electrostatic discharge protection area）简称 EPA，有时指安全操作区，如图 3.4 所示，它是任意一种静电放电控制措施的核心所在。在此区域中，静电放电敏感元件（Electrostatic Discharge Sensitive，ESDS）或电路板或包含这些的组件，都可以很安全地工作，因为电荷的数量得到了控制，而不会产生破坏性电压。这种区域中通常包含工作台或工作台组、工作站、自动插件机一类的处理设备或者一块生产区。EPA 的范围必须清楚的标明，最好设置一围一栏以防止未经允许的无关人员入内，EPA 区域内应使用静电荷积累最小的材料，并且可使电荷以受控制的方式泄入到大地中。

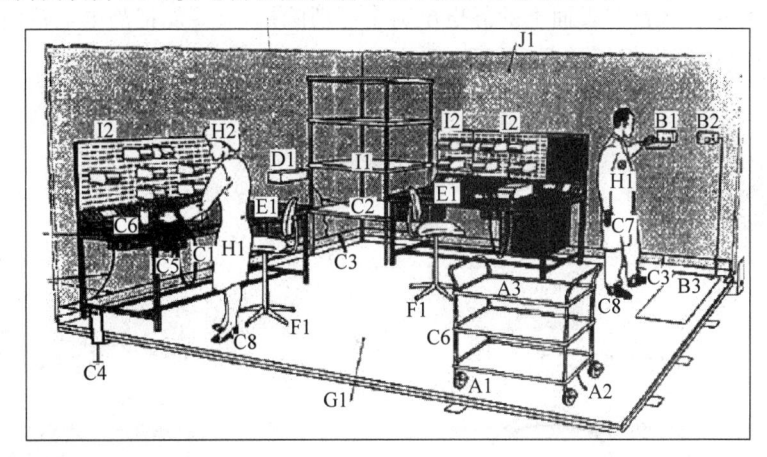

A1 接地轮	A2 接地滑片	A3 接地面	B1 腕套测试器
B2 脚跟接地测试器	B3 脚跟接地底脚板	C1 腕套和腕套绳	C2 接地线
C3 静电放电接地设施	C4 地	C5 接地搭接点	C6 大地接地点
C7 手套	C8 脚趾和脚跟带箍	D1 电离剂	E1 工作面
F1 腿和座套已接地的转椅	G1 人体接地地板	H1 工作服	H2 工作帽
I1 具有接地面的搁板	I2 接地机架	J1 静电放电保护区标志	

图 3.4　静电放电保护区

(2) 静电安全工作台

通过限流电阻接地,工作台不可串联接地。由于工作台、防静电桌垫、腕带接头和接大地线等组成,静电安全工作台上不允许堆放塑(片)、橡皮、纸板、玻璃等易产生静电的杂物,图纸资料应装入防静电文件袋内,如图3.5所示。

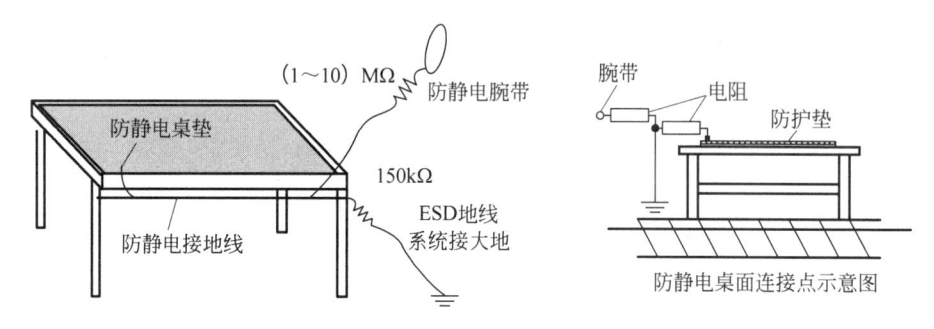

图 3.5 静电安全工作台

(3) 防静电腕带

直接接触静电敏感器件的人员均应戴防静电腕带,腕带应与人体皮肤良好接触,腕带系统对地电阻在(1~10)MΩ,如图3.6所示。

(4) 空气电离器

空气电离器能产生恒定的电离空气流,当电流、空气流流过带电体表面时,带电体上的电荷就会被电离空气流中极性相反的离子中和掉,由于摩擦产生的静电电荷有正、负之分,故要求空气电离器中产生的电离空气流应具有数量相近的正、负离子。用空气电离器来消除静电电荷,不要求将物体表面上的静电电荷全部消除掉,只要能把静电电荷消除到不再对静电敏感器件产生静电损坏的程度即可,如图3.7所示。

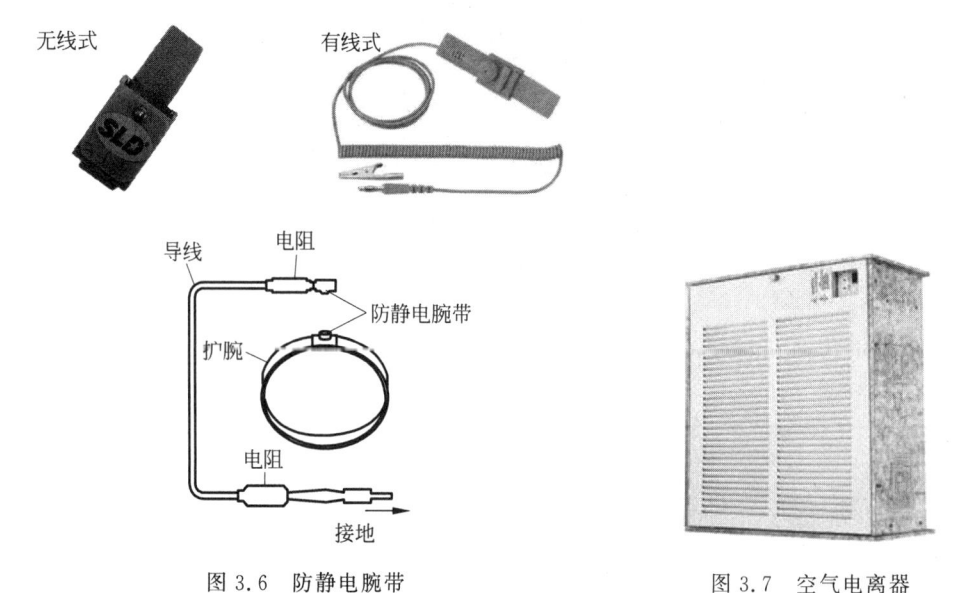

图 3.6 防静电腕带

图 3.7 空气电离器

空气电离器一般应放置在无法使用导电手环、静电防护地垫和桌垫以及没有静电防护工作台的装配、连接和调试工作场所。

（5）防静电容器

在电子元器件、产品、设备研制生产过程中，一切储存、周转 ESD 的容器（元器件袋、转运车、存放盒等）应具备静电防护性能。不允许使用金属和普通塑料容器，必要时，存放部件用的周转车（箱）应接地。

所有用于生产或检验的工作台面，接地标准为：对地电阻＜ 10Ω。如图 3.8 所示。

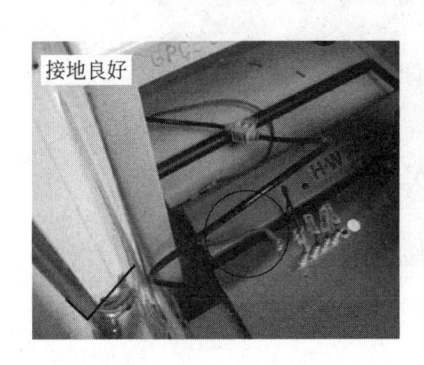

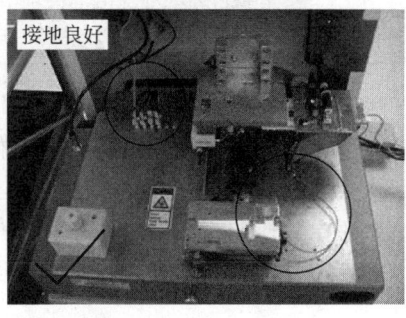

图 3.8　防静电容器

（6）防静电工作服

防静电工作帽、防静电工作鞋应采用防静电布料制作。

（7）工位

工作台面、工作凳面，应采用 ESD 保护材料，如图 3.9 所示。

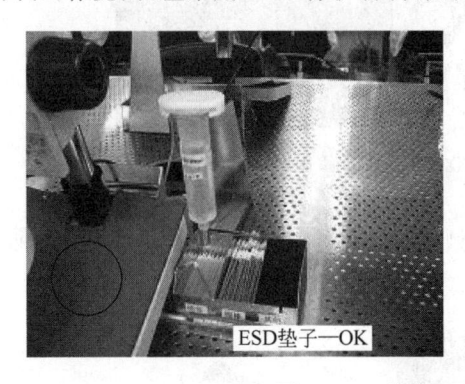

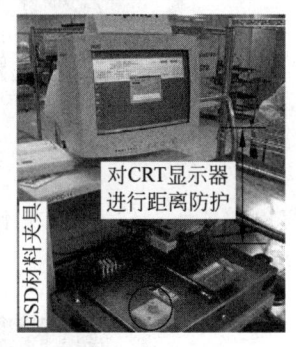

图 3.9　工位静电防护

（8）包装

静电敏感的元器件、产品采用对应的保护性包装，包装的器件必须采用防静电塑料袋、周转箱导电海棉等，如图 3.10 所示。

最大静电电压与接触电阻的关系如表 3.5 所法。

表 3.5　静电电压与接触电阻的关系

接触电阻/MΩ	0.27	1	10	50	100	∞
最大静电电压/V	<1	<2	11	30	80	1550

图 3.10　包装物的防静电

4．防静电措施

① 防静电腕带使用前一定要先检查，如图 3.11 所示。

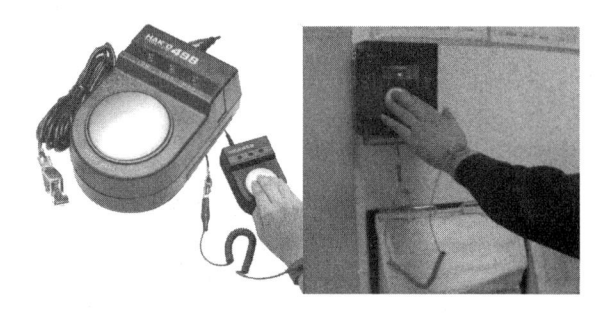

图 3.11　防静电腕带使用前检查

② 所有静电敏感元器件、基板在不使用的状态下，一定要用防静电袋或防静电箱包起来或装起来，如图 3.12 所示。

图 3.12　防静电盒、袋

③ 无静电防护时不可接触机板和静电敏感元器件。
④ 基板所用的垫子应该是防静电的，气泡袋也应该是防静电的。

⑤ 工作人员要保护自己的地盘，不让无防静电措施人员接触自己的台面、基板、元器件等。

⑥ 把所有未知的元器件都当作静电元器件看待。

⑦ 工作台上不可放多余的包装材料。

⑧ 进入防静电工作区前要进行静电放电。

⑨ 流动人员手拿元器件、机板时必须有防静电措施，如：戴静电手套或元件机板用防静电袋包装。

⑩ 移转元器件、机板时必须有防静电措施。

5. 静电放电防护中常发现的错误

① 腕带套在衣袖上，未与皮肤接触。

② 腕带松动，与皮肤表面接触不良。

③ 腕带夹在桌面上，桌面的另一侧没接地。

④ 使用的白色泡沫垫基板。

⑤ 箱子无防静电屏蔽盖。

⑥ 只有在特殊场合才带腕带。

⑦ 使用白色铁氟龙光头烙铁。

⑧ 使用一般的塑胶包装材料包装。

⑨ 用普通溶剂清洗工作台表面。

⑩ 粉红色就是抗静电（应用静电表测量是否达到防静电要求）。

⑪ 不用静电表测试静电压。

⑫ 任何过路人皆可拿工作台上的零件和基板。

⑬ 鳄鱼夹夹在机器设备油漆部分。

⑭ 鳄鱼夹的最内圆孔部夹住铜线，最内圆孔部内径比铜线外径大。

⑮ 鳄鱼夹夹在铜线胶皮上。

⑯ 零件与机板无任何防静电措施时随处乱放。

⑰ 工作台铜线未接地。

⑱ 测试设备和机器外壳未接地。

附：常见的 ESD 标志

ESD 敏感符号，如图 3.13 所示。

ESD 防护符号，如图 3.14 所示。

图 3.13　ESD 敏感符号　　图 3.14　ESD 防护符号

6. 三种静电破坏模式

① 人体模型(human body model,HBM)就是人体作为一个导体可以积累静电,当人体接触到静电敏感元器件时放电,这个放电过程是人体放电,在研究时模拟这个过程的模型。

② 机器模型(Machine Model,MM)。外部导体放电到 ESD 敏感元器件上。

③ 带电机件模型(Charged DeviceModel,CDM)。ESD 敏感元器件本身静电放电到接地表面。

如果静电场无法避免,应确保静电敏感零部件的表面保持安全距离,遵守爬电距离法则(Creepage Distance Rule,CD 法则),最小安全距离计算公式为:

$$D = \frac{\sqrt{V}}{1.8} \times 2.55 (\text{cm})$$

式中,D——与带电表面之最小安全距离。

V——静电压表之读值(Volts)。

3.3 制程管控的工具

【任务要求】

(1) 能理解标准作业程序在生产过程中对产品质量的影响。

(2) 能对产品生产的要求制订标准作业程序。

3.3.1 标准作业程序基本概念

1. 标准作业程序的由来

标准作业程序(Standard Operating Procedure),简称 SOP。

在 18 世纪的作坊手工业时代,制做一件成品往往工序很少,分工很粗,甚至从头至尾都是由一个人完成的,其人员的培训是以学徒形式通过长时间学习与实践来实现的。随着工业革命的兴起,生产规模不断扩大,产品日益复杂,分工日益明细,品质管控成本急剧增高,各工序的管理日益困难。如果只是依靠口头传授操作方法,已无法达到控制制程品质。采用学徒形式培训已不能适应规模化的生产要求。因此,必须以作业指导书形式统一各工序的操作步骤及方法。

2. 标准作业程序的格式

(1) 明确职责

明确职责的对象包括负责者、制定者、审定者、批准者。

(2) 格式

标准作业程序的格式包括:每页标准作业程序页眉处注明"标准作业程序"字样;制定标准作业程序单位全称;反映该份标准作业程序属性的编码、总页数、所在页码;准确反映该项目标准作业程序业务的具体题目;反映该项标准作业程序主题的关键词,以利计算机检索;简述该份标准作业程序的目的、背景知识和原理等;主体内容和具体内容简单明确,可操作性强,以能使具备专业知识和受过培训的工作人员理解和掌握为原则;列出制定该份标准作业程序的主要参考文献；每份标准作业程序的脚注处有负责者、制定者、审定者、批准者的签名和签署日期；标明该份标准作业程序的生效日期。

3. 标准作业程序的作用

① 将企业积累下来的技术、经验，记录在标准文件中，以免因技术人员的流动而使技术流失。

② 使操作人员经过短期培训，快速地掌握较为先进合理的操作技术。

③ 根据作业标准，易于追查产生不合格品的原因。

④ 树立良好的生产形象，取得客户信赖与满意。

⑤ 标准作业程序是贯彻 ISO 精神核心（说，写，做一致）的具体体现，实现生产管理规范化、生产流程条理化、标准化、形象化、简单化。

⑥ 标准作业程序是企业最基本、最有效的管理工具和技术数据。

4. 标准作业程序的精髓

标准作业程序的精髓就是把一个岗位应该做的工作进行流程化和精细化，使得任何一个人处于这个岗位上，经过合格培训后都能很快胜任该岗位。

5. 企业做标准作业程序的目的和意义

从企业的根本目的来看，无非是为了提高管理运营能力，使企业获得更大的效益。从稍微细化的角度，我们可以从以下两个方面来进行简单的分析。

(1) 为了提高企业运行效率

由于企业的日常工作有两个基本的特征，一是许多岗位的人员经常会发生变动，二是一些日常工作的基本作业程序相对比较稳定。不同的人，由于不同的成长经历、性格、学识和经验，可能做事情的方式和步骤各不相同。即使做事的方式和步骤有相同，但做每件事的标准和程度仍会有一些差异。例如，我们经常会在一些窗口行业看到"微笑服务"，他们的经理人员和上级也会对员工有这样的要求，但到底什么是微笑，可能每个人都会有不同的理解。而对于客户来说，他希望得到的是确确实实的微笑，且从每一位员工那里得到的感受也应该是大体上相同的。因此，我们就可以通过标准作业程序的方式将微笑进行量化，比方说"露出 8 颗牙齿"就是微笑。这样就将细节进行量化和规范了。

同时，由于标准作业程序本身也是在实践操作中不断进行总结、优化和完善的产物，在这一过程中积累了许多人的共同智慧，因此相对比较优化，能提高做事情的效率。通过每个标准作业程序对相应工作的效率的提高，企业通过整体标准作业程序体系必然会提高整体的运行效率。

(2) 为了提高企业运行效果

由于标准作业程序是对每个作业程序的控制点操作的优化，这样每位员工都可以按照标准作业程序的相关规定来做事，就不会出现大的失误。即使出现失误也可以很快地通过标准作业程序加以检查发现问题，并加以改进。同时，有了标准作业程序，保证了我们日常工作的连续性和相关知识的积累，也无形中为企业节约了一些管理投入成本。特别是在当今经济全球化、竞争全球化的知识经济时代，更是如此。从每一个企业的经营效果来看，关键的竞争优势在于成本最低或差异化。对于同等条件的竞争企业来看，差异化不是在硬件，而是在软件。软件的差异化又往往不是在大的战略方面,而是在具体的细节上。细节的差异化不体现在理解上,而体现在能否将这些细节进行量化,也即细节决定成败。因此,从这个意义上来看,标准作业程序对于提高企业的运行效果也是有非常好的促进作用。

6. 如何做标准作业程序

做标准作业程序的方式可能由于基本不同的管理模式和管理方式,会有一定的区别。从国内公司的实际情况来看,我们大体上可以按以下几个步骤来进行。

(1) 确定流程

先做流程和程序。按照公司对标准作业程序的分类,各相关职能部门应首先将相应的主流程图做出来,然后根据主流程图做出相应的子流程图,并依据每一子流程做出相应的程序。在每一程序中,确定有哪些控制点,哪些控制点应当需要做标准作业程序,哪些控制点不需要做标准作业程序,哪些控制点是可以合起来做一个标准作业程序的,包括每一个分类,都应当考虑清楚,并制定出来。

(2) 明确步骤

确定每一个需要做标准作业程序的工作的执行步骤。对于在程序中确定需要做标准作业程序的控制点,应先将相应的执行步骤列出来。执行步骤的划分应有统一的标准,如按时间的先后顺序来划分。如果对执行步骤没有把握,要及时和更专业的人员去交流和沟通,先把这些障碍扫除掉。

(3) 制定标准作业程序

套用公司模板,制定标准作业程序。在这些问题都搞清楚的前提下,就可以着手编写标准作业程序了。按照公司的模板在编写标准作业程序时,不要改动模板上的设置。对于一些标准作业程序,可能除了一些文字描述外,还可以增加一些图片或其他图例,目的就是能将步骤中某些细节进行形象化和量化。

(4) 执行操作

用心去做,才能把标准作业程序做好。由于编写标准作业程序本身是一个比较繁杂的工作,往往很容易让人产生枯燥感觉,但标准作业程序这项工作对于公司来说又非常重要,公司在这方面也准备进行必要的投放,特别是要用2到3年的时间来保证,因此我们必然用心去做,否则不会取得真正好的效果,甚至走到形式主义的负面去了。

"认真做事只能把事情做对,用心做事才能把事情做好"。

7. 标准作业程序的延伸范围

有人说,编制标准作业程序是一件枯燥而且耗时很长的事情,耗时耗力多,作用小,更加认为这事情本就不该由工业工程师(Industrial Engineer,IE)来做,IE应该去现场,多去改善改善那些立竿见影的才是。但是,在一个生产线没有安定的生产环境下,去要求生产线人员按照标准作业程序去做,用标准的动作去作业,是一件让别人难以接受的事情。到了现场你会发现,就在生产线的周围,到处都有浪费,到处都有问题,而这些又没有得到改善,强烈要求生产线人员按照标准作业程序去做,是不可行的。所以,要让标准作业程序发挥真正的作用,还得先让生产线人员稳定,设备稳定,物料稳定,工装夹具稳定,即生产线稳定下来。

生产线稳定工作以后,对标准作业程序要求就会逐步加高,达到真正的标准化作业。标准作业程序里面每一个字都得在员工工作中有所体现。当然,生产初期也许标准作业程序准确度不是很高,也不很合理,所以还必须在后继的标准作业程序不断的修改过程中,让标准作业程序趋于完美。IE 的理念之一就是追求完美,一个职能就是制定标准,标准也是一个暂时的标准,不是永久的标准,所以标准也要不停地修改才对。

标准作业程序延伸之一:标准工时

标准工时的设定无外乎有两种,一种是测量法,另一种是动作分析法(包含 IE 所有的动作研究)。其中测量法是对现状的情况进行确定而制定标准工时,这种方法是在满足现状的情况下做的,也就是说这种方法不是一种对标准工时与生产过程改善的方法。而动作分析法,是根据标准动作计算得出的时间,加上学习曲线、宽放等制定标准工时。动作分析法的标准动作,也正是要在标准作业程序中得到体现,标准工时也可参照标准作业程序中的节拍时间去制定。因此,在编制标准作业程序时,要详细地分析标准作业程序的各个动作,确定准确的节拍时间,也确定出标准工时出来。标准作业程序此一延伸,可以利用动作分析法来完成标准工时的制定这一项工作。

标准作业程序延伸之二:线平衡

众所周知,线平衡分析首先要去测量线体各个工位的作业时间,然后对其分析,最后进行完善。完善后势必会有许多工位的作业内容不一样了,这个时候也就要去修改标准作业程序。那么在最初制定标准作业程序时,如果把握得好,一次性地就可将线平衡做好点,那么后继的线平衡工作就可以少做。但并不是不做,而也要时常去关注线平衡,更要分析线体不平衡的原因,有的情况下,还得修改标准作业程序,更重要的是要用 PDCA(Plan,制定目标与计划;Do,任务展开、组织实施;Check,对过程中的关键点和最终结果进行检查;Action,纠正偏差)循环,让标准作业程序更加完美。

标准作业程序延伸之三:工装夹具的制作

在编制标准作业程序时,要充分地考虑到作业的难易程度,适当地制作一些工装夹具,而这些工装夹具又都影响到作业的时间长短,同样影响到线平衡,也影响到标准工时。因此在编制标准作业程序的初期,考虑工装夹具是必要的。若在今后发现可以通过制作工装夹具来改善作业,那么也会打破原来的标准作业程序标准,也可用 ECRS(取消 Eliminate、合并 Combine、调整顺序 Rearrange、简化 Simplify),对作业进行改善,那么标准作业程序不仅要重新编写,使用的工装夹具也要在标准作业程序的工装夹具中体现出来。如此一来,编制一套标准作业程序也要用到 ECRS 的手法,更要有制作工装夹具的能力。

标准作业程序延伸之四:人力需求

编制标准作业程序一个重要点就是安排多少个工位问题,它直接反映需要的人力数,但这些是直接人力。那么间接的辅助人力又会有多少?在编制时这也是要考虑清楚的。这样,对于我们在后期编制人力需求计划时,就会更加的清楚。并且在分析标准作业程序时,更可以分析一个人员作业多少内容,针对很多设备的生产线,更要进行人机分析。也就是说,编制标准作业程序不单要确定直接人力与辅助人力,还要对设备与人力搭配问题进行分析。

标准作业程序延伸之五：品质及过程控制

标准作业程序都要写入一些常见的注意事项，此注意事项是在长期的生产过程中发现的问题，再不断地加入到注意事项中，所以是否能清楚地将注意的地方告诉给作业员，这是标准作业程序中的一个重点，也是品质与过程控制的重点。如果一个企业推行 TQC(Total Quality Control)全面质理管理，告诉作业员所有的在各个工位可能出现的品质问题，这些应该在标准作业程序中要得到体现。针对新产品，更要进行 PFMEA 分析（失效模式分析），告诉作业员，这样可以更快地发现和解决问题，提高过程控制的能力。

标准作业程序延伸之六：物流、产线设计

标准作业程序中需要明确地标示出各工位需要的物料，编制时更要清楚各物料体积的大小，要考虑这些物料如何配送可以更加准确安全，每次配送多少，每次配送的时间长短，用什么容器进行配送等，并要做到避免物料使用错误的防呆措施[①]。标准作业程序并非单单告诉员工如何作业，也不单单只是要求员工作业时应注意些什么。标准作业程序在编制时，也要考虑到用什么样的生产线形式可以更加适合该产品生产，因此在编制标准作业程序时也要考虑生产线如何去设计，或者如何去改善产线。同理，物料的配送方式与产线的确定，新的布局(Layout)也该有新的方法。这个对于新产品更显作用。

标准作业程序延伸之七：现场 5S

似乎 5S 与标准作业程序根本就沾不上边，但并非如此。前面提到标准作业程序要确定各工位要使用的工装夹具，更要确定各工位的物料摆放以及（定点、定位、定容简称三定）如何去做。工具夹具放到哪个位置更加合适，该标准作业程序未提到的工具夹具及物料如何清理出去。所以根据标准作业程序去控制现场的 5S 也是一种很好的方法，关键是标准作业程序中是否将每步所用工具写清楚。

标准作业程序在作业现场称为作业指导书。作业指导书不仅仅只是一个作业指导性的文件，它包含了整个生产现场，也包含了整个工艺工程、品质过程，它更涉及到更多的 IE 知识。编制作业指导书，可以训练我们很多东西，除了提到的 IE 几个方面，还有 IE 的基础知识，都包含在里面。

还有一些是无法看到的能力培养。例如，全局观能力，编制一套作业指导书，需要从整个工艺过程去考虑，要想到各个工位之间的关系，要考虑整体平衡，从而涉及物流、线体设计等；全局观能力与相对应的细致能力，作业指导书中涉及的动作分析、工装夹具，这些都是细致的东西。编制作业指导书，要进得去，也要出得来。把握全局，更关注细节。这对于管理员，也是一个很重要的能力。因此，编制作业指导书，不但是 IE 知识的基础累计，也是 IE 基础工作的开始，更是发展 IE 的基石，还训练管理的能力。

3.3.2 标准作业指导书建设案例

下面以某公司生产 LED 照明灯为例，学习作业指导书编写方法。

[①] 防呆措施就是采取一些有效的方式，比如将产品与摆放的装置分别以特定的颜色予以标志，作业员在疲劳的时候不需要头脑思维，只需凭借颜色的识别就可以正确地放置产品，以减少差错率。

作业指导书

××××有限公司	作业指导书	文件编号	焊接大功率	编制日期		页数 第1页 共14页	版本 A/0
适用产品名称及编号	大功率MR16/GU10/JDRE27（通用）	工序名称	焊接大功率	标准工时		标准产能/H	数量
		工序排号	1	作业类型	焊接	人员配置	

序号	材料编号	材料名称	材料规格
1		铝基板	
2		大功率管芯	
3			

	操作说明	技术要求
检查上工序	检查工位表面清洁 检查物料有无一致 检查工具有无完好，且一定要带手指套操作	
本工序作业	1. 检查烙铁温度是否为规定温度：320～380度间 2. 将大功率管芯摆放在夹具底模上，再装上模（如图二） 3. 分清大功率管芯正负极（如图一） 4. 将铝基板摆放在夹具上，然后涂导热膏（如图三） 5. 将大功率管芯摆放在涂好导热膏的铝基板上，并焊接起来（如图四） 6. 完成后放入专用防静电PVC盒内	将温度调制为320～380度间，用仪器测试 大功率管芯正负极要放一致 正极放位置要正确，涂导热膏要均匀 大功率管芯与铝基板极性要一致，大功率管芯涂导热膏一致，对应铝基板丝印"十"一端
自检	检查有无假焊、虚焊 检查有无焊接反或脱焊 检查焊接有无牢固	不合格品截出
	注意事项：一定要带手指套操作，大功率管芯操作，避免导致开路或短路；焊好的大功率管芯不允许成堆放置，需放入专用防静电PVC盒内	
	核准	审核	承办单位 承办人：

图一（方孔为负极） 图二（负极） 图三（正极、涂导热膏） 图四（焊接）

设备及工装夹具			
设备、工装名称	型号	设定条件	
恒温烙铁	936	320～380度间	
手指套			
静电环	OWS20A	防静电	—

作业指导书

××××有限公司	作业指导书	文件编号	点亮测试	编制日期		页数	第 2 页 / 共 14 页	版本	A/0
适用产品名称及编号	大功率 MR16/GU10/JDRE27（通用）	工序名称	点亮测试			标准产能/H			
		工序排号	2	作业类型	测试	人员配置		数量	1 人

序号	材料编号	材料名称	材料规格	技术要求
1				
2				
3				

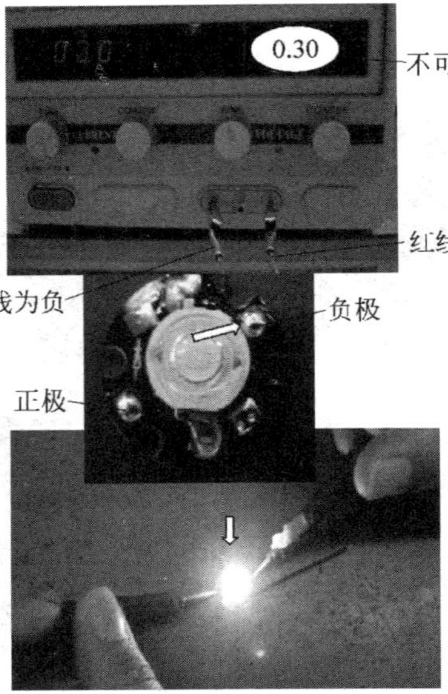

	操作说明	
检查上工序	检查工位表面清洁 检查物料有无一致 检查仪器是否完好	
本工序作业	1. 直流电源调整到 3V（如图一） 2. 将焊接好的大功率管芯点亮测试，红表笔接正板，黑表笔负板（如图二） 3. 完成后放入专用防静电 PVC 盒内	正负极要一致 电压不可超过 3V，接触要牢固
自检	检查有无暗灯、闪灯、死灯、色差等 检查有无焊反、假焊、脱焊	不合格品截出

注意事项：测试大功率管芯正负极要一致，不可接反，电压不可超过 3V；且不可触碰大功率管芯透镜

核准		审核		承办单位：
				承办人：

图一

图二

红线为正
不可超过3V
正极
负极
黑线为负

设备及工装夹具

设备、工装名称	型号	设定条件
直流电源	DC0~30V	3V
手指套	—	—
静电环	OWS20A	防静电

×××××有限公司		作业指导书		文件编号	焊接电子红线	编制日期		页数	第3页	共14页	版本	A/0
适用产品名称及编号	大功率MR16/GU10/JDRE27（通用）			工序名称	焊接电子红线	标准工时	3	工序排号	14"	标准产能/H	257pcs
				工序排号		作业类型		插件		人员配置	1人

序号	材料编号	材料名称	材料规格	数量
1		硅胶红线	红色，L20mm，镀锡2.5mm	1pcs
2				
3				

	操作说明	技术要求
检查上工序	检查工位表面清洁 检查物料有无一致 检查工具有无完好	
本工序作业	1. 检查烙铁温度是否为规定温度：320～380度间 2. 分清胶线与铝基板的相应位置 3. 将硅胶（红）线焊接在铝基板指定位置上（如图二） 4. 完成后放入专用防静电PVC盒内 5. 自检有无误焊，虚焊，错焊，流入下一工序	将温度调制为320～380度间，用仪器测试 极性要一致 方孔对应一端为正极 不可成积堆放
自检	检查有无假焊、虚焊、错焊现象 检查焊接有无牢固	不合格品截出

注意事项：注意正负焊接位置，不可错位，焊接好后不可堆积摆放，焊点光亮要包住电子线，不可出现半焊或虚焊现象
放入人专用防静电PVC盒内

核准		审核		承办单位：
				承办人：

图一

图二
（方孔为正，电子红线为正）

设备及工装夹具			
设备、工装名称	型号	设定条件	
静电环	OWS20A	—	
恒温烙铁	936	320～380度间	
手指套	—	防静电	

×××××有限公司	作业指导书		文件编号	焊接电子黑线	页数	第4页 共14页	版本 A/0
适用产品名称及编号	大功率MR16/GU10/JDRE27（通用）		编制日期		标准产能/H		数量
工序名称	焊接电子黑线		作业类型	插件	人员配置	1人	1pcs
工序排号	4		材料名称	硅胶黑线	材料规格	黑色，L20mm，镀锡2.5mm	

序号	操作说明	技术要求
1	检查工位表面清洁	
2	检查物料有无一致	
检查上工序	检查工具有无完好	
本工序作业	1. 检查烙铁温度是否为规定温度：320～380度间 2. 分清硅胶线与铝基板的相应位置 3. 将硅胶（黑）线焊接在铝基板指定位置上（如图二） 4. 完成后放入专用防静电PVC盒内 5. 自检无误后，流入下一工序	将温度调制为320～380度间，用仪器测试极性要一致 方孔对应一端为正极 不可成积堆放
自检	检查有无假焊、虚焊、错焊、半焊现象 检查焊接有无牢固 检查镀锡有无过长	不合格品截出

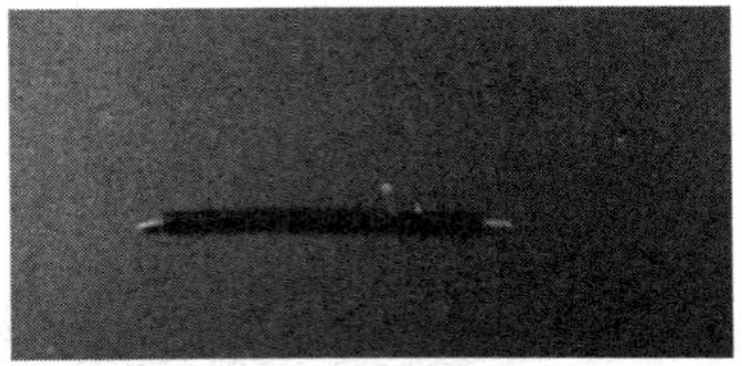

注意事项：注意正负焊接位置，不可错位，焊接好后不可堆积摆放，焊点要光亮包住电线，不可出现半焊或虚焊现象
放入专用防静电PVC盒内

					核准		审核		承办单位：
									承办人：

图一

图二（电子黑线为负，负极标志）

设备及工装夹具	型号	设定条件
静电环	OWS20A	320～380度间
恒温烙铁	936	
手指套	—	防静电

项目3 制造过程质量管控

×××××有限公司	作业指导书	文件编号	编制日期		页数	版本
					第5页 共14页	A/0
适用产品名称及编号	大功率 MR16/GU10/JDRE27（通用）	安装大功率管芯		标准工时	标准产能/H	
工序名称			作业类型	装配	人员配置	1人
工序排号	5	材料编号	材料名称	中壳	材料规格	铝合金，D43*2.2mm，烤漆银色	数量	1pcs

序号	操作说明	技术要求
1	检查工位表面清洁	
2	检查物料有无一致	
3	检查工具有无完好	
检查上工序	1. 将电子线折弯	
本工序作业	2. 将大功率管芯安装入中壳内，先在中壳内加少量导热膏，在将大功率管芯在连接筒指定位置伸入（如图二）	装放位置要对正，导热膏不可过少
	3. 自检无误后，流入下一工序	
自检	检查有无漏涂导热膏 检查大功率管芯装放孔位有无错误	不合格品截出

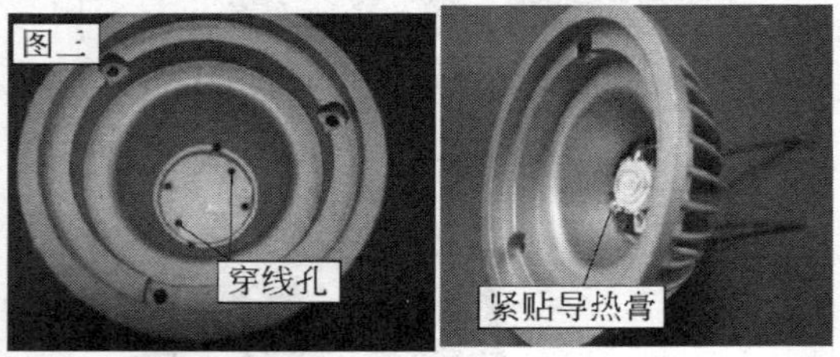

注意事项：大功率管芯装头装放要正确，避免装头不到位

设备及工装夹具		
设备、工装名称	型号	设定条件
导热膏	—	—
静电环	OWS20A	—
手指套	—	防静电

核准	审核	承办单位：
		承办人：

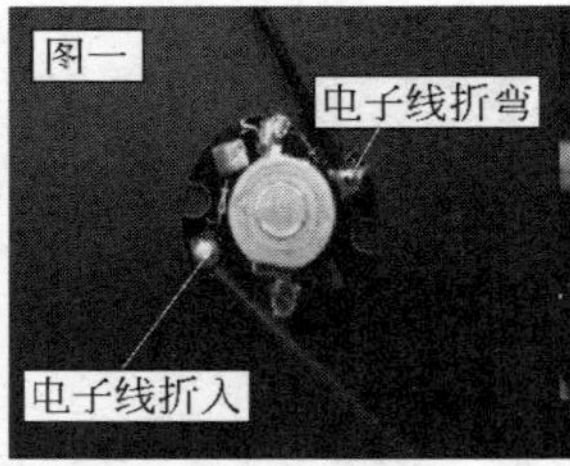

图一：电子线折弯、电子线伸入

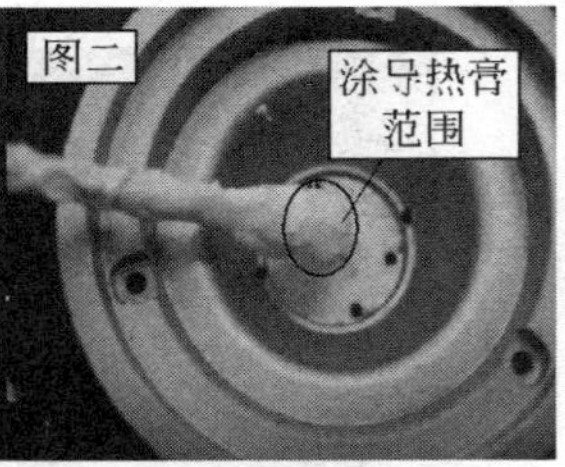

图二：涂导热膏范围

图三：紧贴导热膏、穿线孔

作业指导书

适用产品名称及编号	大功率 MR16/GU10/JDRE27（通用）		文件编号	锁大功率基板螺丝	编制日期		页数	第 6 页 共 14 页	版本	A/0

工序名称	材料编号	工序排号	标准工时	标准产能/H	作业类型	材料名称	材料规格	人员配置	数量
	6				装配	螺丝	PM1.5*2.5mm 圆头，碳钢，ROHS	1 人	2pcs

	序号	操作说明	技术要求
检查上工序	1	检查工位表面清洁	
	2	检查物料有无一致	
	3	检查工具有无完好	
本工序作业		1. 调节电批力度，以刚好锁紧螺丝为准 2. 用电批取两颗螺丝将大功率基板固定在连接筒内（如图一） 3. 电批要与螺丝不可倾斜，避免打滑或锁不到位 4. 自检无误后，流入下一工序	用扭力测试仪进行测试 螺丝要竖直对准螺丝孔
自检		检查螺丝有无松动、漏锁、打滑现象 检查螺丝外观有无刮花现象 检查大功率基板有无松动或倾斜	不合格品截出

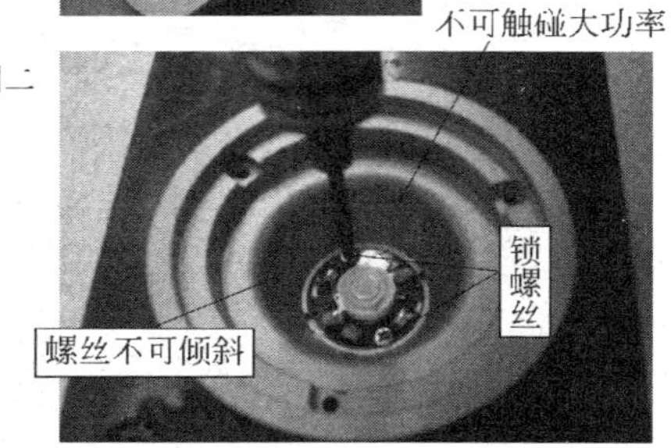

图一

图二 （不可触碰大功率，锁螺丝，螺丝不可倾斜）

设备及工装夹具		
设备、工装名称	型号	设定条件
电批	—	扭力 0.5±0.02
静电环	OWS20A	—
锁螺丝固定夹具	—	—

注意事项：注意螺丝是否锁紧，有无锁滑或锁花现象		
核准	审核	承办单位：
		承办人：

作业指导书

××××有限公司	作业指导书		文件编号		编制日期		页数		版本
适用产品名称及编号	加工灯头卡点（通用）		打卡点	7	标准工时		第 7 页 共 14 页		A/0
			材料编号		作业类型	装配	标准产能/H		
					材料名称		材料规格		
							人员配置		1人
工序名称	工序排号	序号	操作说明	技术要求					数量
检查上工序		1	检查工位表面清洁						
		2	检查工具夹具是否齐全完好						
		3							
本工序作业		1.	检查塑胶件外壳有无刮花现象	外壳不可刮花					
		2.	灯头摆放位置不可倾斜，灯头与塑胶件要连接紧密，检查无误后再打卡点	紧密相连					
		3.	把E27灯头放入夹具中加工，用手压住塑胶件，且不可倾斜（如图三）	不可偏位、放斜，紧密相连					
		4.	在E27灯头指边上打卡点（如图三）	卡点印点要凹、深					
		5.	加工完成后送回下一工序						
自检			检查螺丝有无松动、漏锁、打滑现象						
			检查外观有无刮花不良						
			检查大功率基板有无松动或倾斜	不合格品截出					
		注意事项：注意灯头一定要放置好，不可偏位、放斜、放不到位现象而导致不合格品							
				核准		审核		承办单位：	
								承办人：	

设备及工装夹具			
设备、工装名称	型号	设定条件	
打卡点夹具	OWS20A	—	
静电环	—	—	

图一

图二 摆放位置不可倾斜

图三 打卡定位 加工后 卡点不可偏出灯口螺纹 塑胶件与灯头要连接紧密且不可倾斜

××××有限公司	作业指导书		文件编号	老化	页数	第8页 共14页	编制日期		版本	A/0
适用产品名称及编号	大功率 MR16/GU10/JDRE27（通用）		工序名称	老化			标准工时	标准产能/H		
			工序排号	8			作业类型	测试	人员配置	1人
			序号	材料编号	材料名称			材料规格		数量
			1							
			2							
			3							
				操作说明				技术要求		
			检查上工序	检查工位，产品表面清洁 检查产品型号有无一致						
			本工序作业	1. 将组装好的产品装在老化板上老化（如左图） 2. 老化24小时并记录老化过程 3. GU10 电压为 110V/220V，MR16 电压为 12V，JDRE27 电压为 110V/220V（如左图）				老化板电压要与产品一致 时间不可超过24小时，不合格品截出 电压要与产品规格所定		
			自检	3. 自检无误后，送往下一工序 检查有无死灯，暗灯，闪灯，烧灯现象				不合格截出		
			注意事项：需专业老化人员进行操作，老化电压要与产品相同，老化电压过高烧坏产品							
设备、工装名称	设备及工装夹具							核准	审核	承办单位： 承办人：
设备、工装名称	型号	设定条件								
物料盘	—	有标示								
老化板	—	通用								
静电环	OWS20A	—								

作业指导书

×××××有限公司	作业指导书					
适用产品名称及编号	大功率 MR16/GU10/JDRE27（通用）	文件编号	组装透镜	编制日期	页数 第9页 共14页	版本 A/0
		工序名称	组装透镜	标准工时	14"	标准产能/H 257pcs
		工序排号	9	作业类型	包装	人员配置 1人

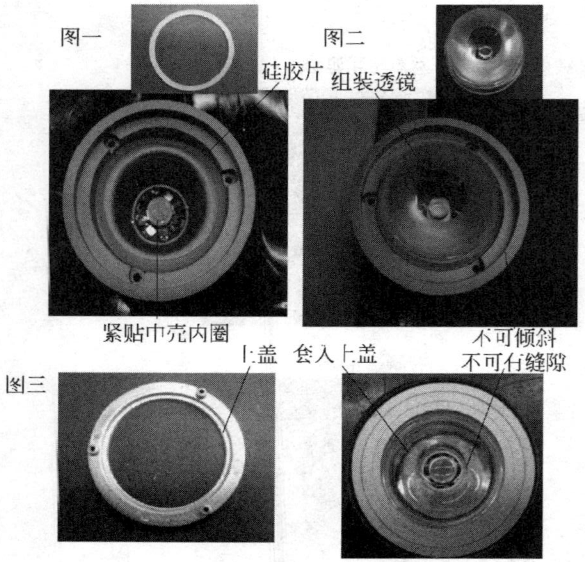

序号	材料编号	材料名称	材料规格	数量
1		透镜	D35.8*H15.9mm，亚克力（有机玻璃）	1pcs
2		硅胶垫片	硅胶 30度，D35.5*T1.0，ROHS	1pcs
3		上盖	铝合金，D50*21mm，烤漆银色	1pcs
4				

	操作说明	技术要求
检查上工序	检查工位、产品表面清洁 检查物料有无错误 检查工具有无完好	
本工序作业	1. 将硅胶垫片放入中壳指定位置（如图一） 2. 将透镜装入中壳指定位置（如图二） 3. 将上盖装在中壳指定位置（如图三） 4. 作业前一定要注意保护透镜表面，不可刮花 5. 自检无误后，流入下一工序	紧贴中壳内圈面 透镜不可倾斜且硅胶垫片不可漏出表面 上盖与中壳中间不可有缝隙且水平中壳表面 带手指套操作
自检	检查有无装错或漏装 检查有无装不到位 检查透镜有无刮花装不良	不合格品截出

注意事项：组装透镜要认真，一定要带手指套作业，否则会刮花透镜等不良；检查有无漏装不到位现象

	核准	审核	承办单位：
			承办人：

图一 紧贴中壳内圈 硅胶片 组装透镜

图二 不可倾斜不可有缝隙

图三 装入上盖

设备及工装夹具		
设备、工装名称	型号	设定条件
静电环	OWS20A	—
无尘布		—
手指套		—

作业指导书

×××××有限公司	作业指导书		文件编号		编制日期		页数		版本
适用产品名称及编号	大功率 MR16/GU10/JDRE27（通用）		工序名称	锁上盖螺丝	标准工时		第 10 页	共 14 页	A/0
			工序排号	10	作业类型		标准产能/H		
			材料编号		材料名称	螺丝	包装		人员配置	1 人
			序号				材料规格	KM1.5 * 2.8mm 碳钢	数量	3pcs

	序号	操作说明	技术要求
检查上工序	1	检查工位、产品表面清洁	
	2	检查产品型号有无一致	
	3	检查设备有无完好	
本工序作业	1. 调节电批力力度，以刚好锁紧螺丝，中壳无松动为准		用电批扭力计调试
	2. 取 3 颗螺丝锁在中壳指定位置固定（如图一）		螺丝要锁牢固，透镜无松动
	3. 自检无误后，流入下一工序		
自检	检查螺丝有无锁紧		不合格品截出
	检查上盖有无锁牢固		
注意事项：注意螺丝是否锁紧，有无锁滑或锁花现象			
核准		审核	承办单位：
			承办人：

图一
机型：MR16
锁上盖螺丝

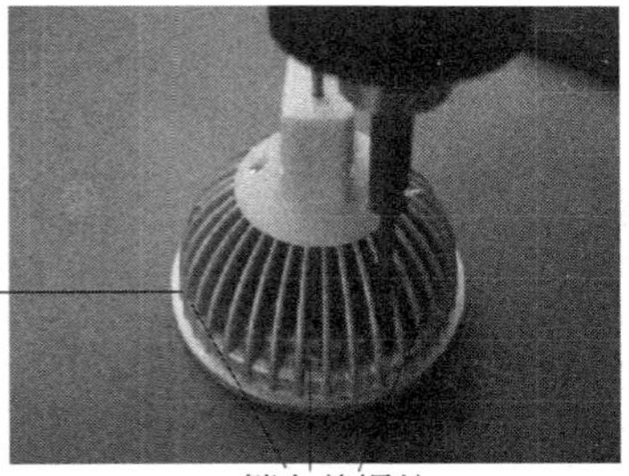

图二
机型：JDRE27
机型：GU10
锁上盖螺丝

设备及工装夹具

设备、工装名称	型号	设定条件
电批	小力士	扭力 0.5±0.02
静电环	OWS20A	—

作业指导书

×××××有限公司	作业指导书	文件编号	编制日期	页数	版本
适用产品名称及编号	大功率 MR16/GU10/JDRE27（通用）	点亮全检		第 11 页 共 14 页	A/0
工序名称		全检		标准产能/H	1人
工序排号	11	作业类型		人员配置	数量

序号	材料编号	材料名称	材料规格	技术要求
1				
2				
3				

	操作说明	
检查上工序	检查工位、产品表面清洁 检查产品型号有无一致 检查设备有无完好	
本工序作业	1. 将成品点亮测试并检查电流（如图一） 2. 检查成品有无漏装零件或外观不良、松动现象 3. 自检无误后，流入下工序	灯脚要与夹具接触紧密 无遗漏，无松灯
自检	检查有无暗灯、闪灯、死灯现象 检查外观有无不良、松动现象 检查产品有无漏装零件	不合格品截出

注意事项：测试检查要认真，不合格品要及时截出，避免导入不合格品

核准		审核		承办单位：
				承办人：

图一 MR16成品测试

MR16电流范围
1W：正常值为
0.15A～0.25A

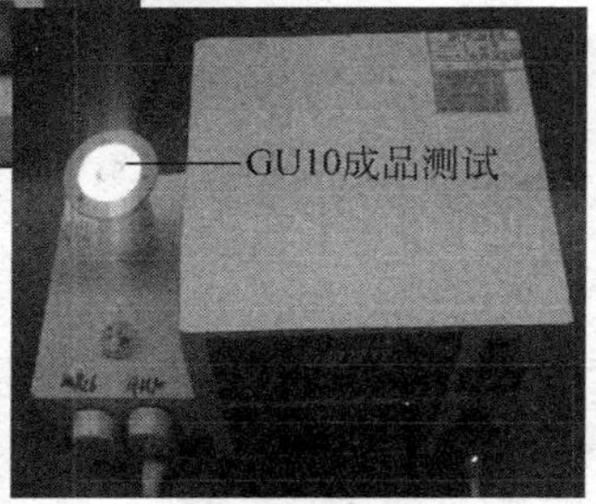

GU10成品测试

GU10电流参数
3W：0.60～0.70A

图二

设备及工装夹具

设备、工装名称	型号	设定条件
测试夹具	OWS20A	—
静电环		—

××××有限公司	作业指导书	文件编号	贴标签/盖章	页数	第12页	共14页	编制日期		版本	A/0
适用产品名称及编号	大功率 MR16/GU10/JDRE27（通用）	工序名称 工序排号	贴标签/盖章 12	标准工时	40"	标准产能/H		作业类型	270pcs	
					包装	人员配置			3人	

序号	材料编号	材料名称	材料规格	数量
1		彩盒	彩盒规格 50*50*65 265mm*110mm*80mm 10pcs装	1pcs
2		内箱		
3		标签		1pcs
4				

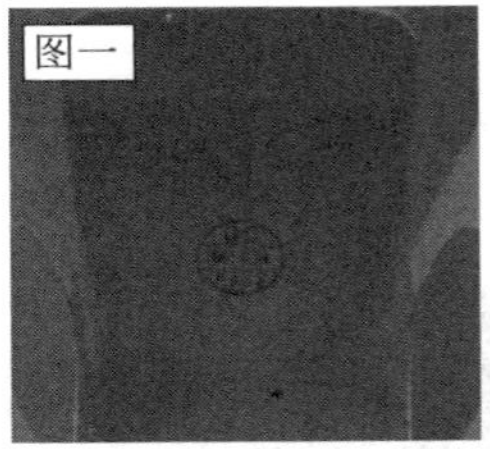

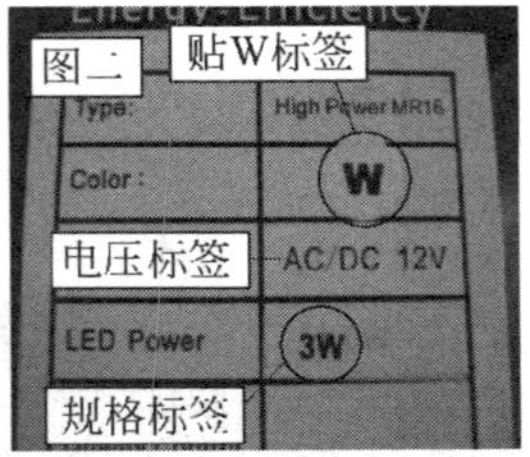

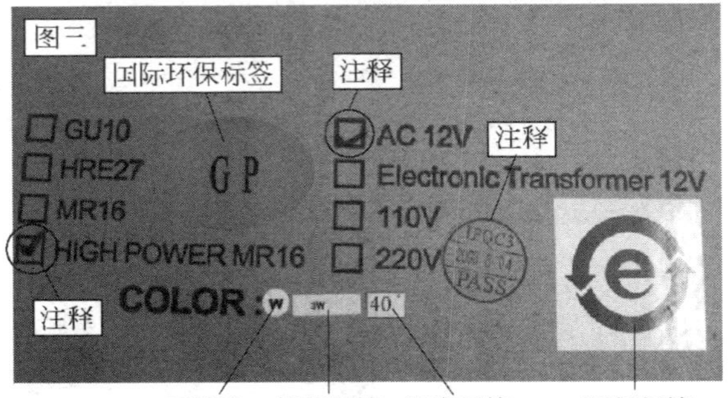

	操作说明	技术要求
检查上工序	检查工位表面清洁 检查工位物料有无错误	
本工序作业	1. 将标签贴在彩盒与内箱指定位置（如图一、图二） 2. 在彩盒与内箱指定位置盖PASS通过章，且注释型号规格（如图一、图二） 3. 自检无误后，流入下一工序	不可漏贴或贴斜、折皱 注释要与产品一致
自检	检查有无漏贴或贴错 检查标签有无贴紧或贴斜 检查印章有无清晰	不合格品截出

注意事项：贴标签要认真，不可漏贴或贴错，印章要清晰，注释要与产品一致

图一

图二

图三 国际环保标签 W标签 规格标签 温度标签 环保标签 注释

设备及工装夹具		
设备、工装名称	型号	设定条件
印章		—
静电环	OWS20A	—
油笔	黑色	—

核准	审核	承办单位：
		承办人：

作业指导书		文件编号	折叠包装盒	编制日期		页数	第13页 共14页	版本	A/0
适用产品名称及编号	大功率MR16/GU10/JDRE27(通用)	标准工时	13	作业类型	包装	标准产能/H	14"	257pcs
						人员配置		1人	

工序名称		材料编号	材料名称	材料规格	数量
工序排号	序号				
	1	AB0000064000	内卡	L:48.4mm,W:48.4mm,H:35mm	1pcs
	2	AB0000665000	彩盒	彩盒规格 50mm*50mm*65mm	1pcs
	3				
	4				
	5				

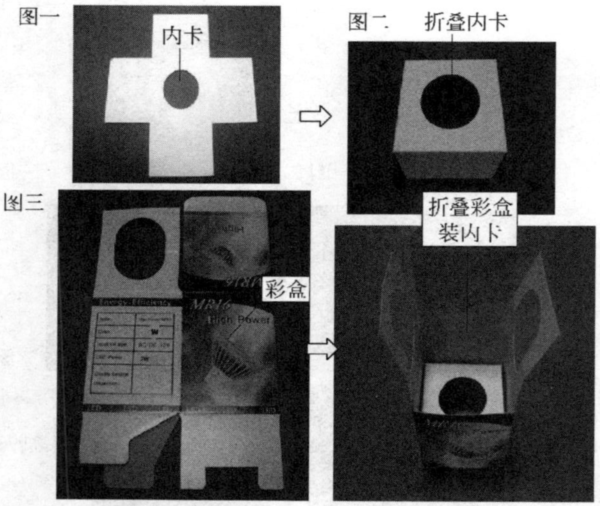

	操作说明	技术要求
检查上工序	检查工位表面清洁 检查物料有无错误	
本工序作业	1. 将内卡折叠起来(如图一) 2. 将产品彩盒折叠起来并将纸卡装进去(如图二) 3. 自检无误后,流入下一工序	折叠要整齐 折叠、装放要整齐
自检	检查有无折叠错误 检查有无折叠整齐 检查有无折皱现象	不合格品截出

注意事项：包装盒折叠要整齐

	核准	审核	承办单位：
			承办人：

图一

图二 折叠内卡

图三

设备及工装夹具		
设备、工装名称	型号	设定条件
静电环	OWS20A	

作业指导书

××××× 有限公司	作业指导书	文件编号	编制日期	页数	版本
适用产品名称及编号	大功率 MR16/GU10/JDRE27（通用）	装箱封箱		第 14 页 共 14 页	A/0
		工序名称	标准工时	72"	标准产能/H	50pcs
		工序排号	14	作业类型	包装	人员配置	1人

序号	材料编号	材料名称	材料规格	数量
1	AB0000308000	内箱	265mm*110mm*80mm 10pcs装	1pcs
2				
3				
4				
5				

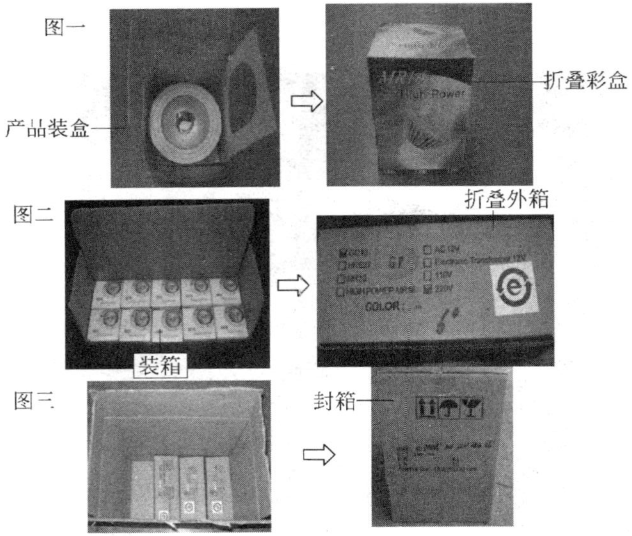

操作说明

检查上工序
- 检查工位、产品表面清洁
- 检查物料有无错误

本工序作业
1. 检查成品外观有无缺损，是否少件
2. 将成品装入彩盒内并折叠起来，并摆放整齐
3. 将10个包装好的产品放入内箱并折叠起来（如图二）
4. 自检无误后，流入下一工序

自检
- 检查产品有无漏装
- 检查产品数量有无正确

技术要求
- 成品要摆放整齐，折叠要整齐
- 数量要齐全，折叠要整齐

不合格品截出

注意事项：要认真检查数量有无正确，不可少装、错装

核准	审核	承办单位：
		承办人：

图一 — 产品装盒、折叠彩盒
图二 — 折叠外箱、装箱
图三 — 封箱

设备及工装夹具

设备、工装名称	型号	设定条件
静电环	OWS20A	—
封箱机	—	—

3.3.3 静电防护小常识

1. 静电防护设备
(1) 防静电手腕带

① 简介。防静电手腕带也叫防静电手环、手镯等。使用时腕带与皮肤接触,并确保接地线直接接地,这样才能发挥最大功效。戴上这防静电手腕带,它可以在 0.1 秒时间内安全地除去人体内产生的静电。接地手腕带是防静电装备中最基本的,也是最为普遍使用的防护设备。

它由松紧带、活动按扣、弹簧软线、保护电阻及插头或夹头组成。松紧带的内层用防静电纱线编织,外层用普通纱线编织,主要指标有:

- 弹簧软线最大长度 250cm。
- 泄漏电阻 $10^6\Omega$(保护电阻 $10^6\Omega$)。

② 分类。防静电手腕带分为有绳手腕带、无绳手腕带及智能防静电手腕带三种。

按结构分为单回路手腕带及双回路手腕带,它用以泄放人体的静电。

按接地线材料分类:PVC、PU、镀银和含碳材料。

按手环材料分为金属、无尘硅胶和橡筋。

按放电方式分类:普通型、双回路和电晕放电。

按外形方式分类:无绳和有绳。

③ 防静电腕带。防静电腕带包括无绳腕带和有绳腕带。

- 无绳腕带。它是利用静电压平衡物理原理,依据静电工程学中静电是利用离子之间推挤方式传递的原理研发而成的,藉由静电自高电位推挤的特性将人体静电离子推挤到腕带设计的收集区,经由电荷感应原理将使导电板的正反表面分别带有等量异性电荷,由于区内置有离子交换剂(利用其低游离能特性),可轻易提供被导入的静电离子等量异性电荷予以中和,故可达成静电泄放的效果,另外,在本机外部设有一只螺丝,与内部导体回路联结。无绳腕带和图 3.15 所示。

图 3.15 无绳腕带

- 有绳腕带。它是防静电装备中最基本的,也是最为普遍使用的生产线上的必备品,不但在架设及操作上十分方便,在价格上也最为经济实惠。防静电有绳手腕带的原理是通过腕带及接地线将人体的静电导到大地,故使用时腕带必须确实地与皮肤接触,接地线也需直接接地,并确保接地线畅通无阻才能发挥最大功效。有绳腕带如图 3.16 所示。

图 3.16 有绳腕带

(2) 双回路手腕带

产品在塑料块外侧面装有按扣,该按扣通过金属连接件穿过塑料块并与塑料块内侧面的导电织带相连,构成两个独立的电路回路。所述塑料块分为左、右两块,两塑料块相互铰接相接,并且两塑料块外侧面的按扣分别与各自的接地线端扣相连。该产品与现有传统手腕带相比,当手腕带佩带者在无觉察下即使某一回路失效,而另一回路还可继续工作,从而降低了电子元器件绝缘层被静电击穿的概率,避免了产品大批报废或质量下降,使用成本低,并且延长手腕带的使用寿命,适合较高端客户使用。双回路手腕带如图 3.17 所示。

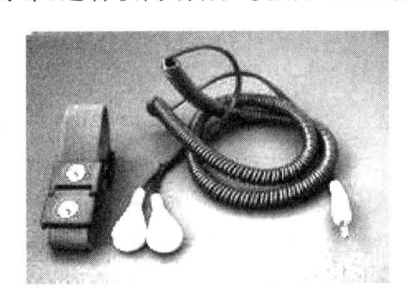

图 3.17 双回路手腕带

双回路手腕带产品特征及参数如下。
- 双回路电子。
- 腕环:橡筋可调节。
- 材料:两塑胶片(PA6)。
- 颜色:红、蓝两种。
- 腕环电阻:$\leqslant 10^3 \Omega$。
- 卷线:PU 塑料外皮和内包。
- 芯铜铂丝,1MΩ 电阻,配制两套接地线,全铜插头。

双回路手腕带具有以下作用:

① 可作为因人员操作不当碰触高静电源,造成瞬间导入大量静电荷,在离子中和不及完成时,可藉由螺丝外界空气水分子提供离子中和(通过电晕 Corona 放电效应),使静电有效排除,而达成静电泄放,达到静电压平衡的最终目的。

② 可利用此螺丝做电位归零功能(只需将螺丝碰触接地即可)。

③ 可作为回路检测端子。

(3) 智能防静电手腕带

① 组成部分。智能防静电手腕带(见图 3.18)主要有以下部件构成。

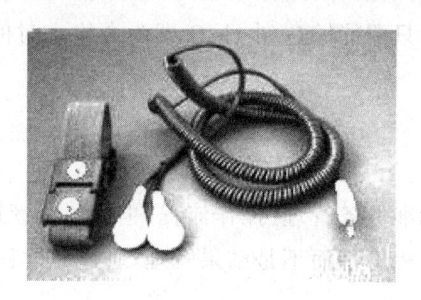

图 3.18

- 双回路 PU 带：高弹性防摇摆，纯 PU 胶料。
- 鳄鱼夹：不锈钢活动夹。
- 导电纱布：纤细导电纱编织。
- 自动检测报警装置。

② 使用说明。说明如下：

- 双回路 PU 带与一端连接好自动检测报警装置，把拨动开关拨到"ON"位置，即可使用。
- 使用时两端的鳄鱼夹连接好接地系统，形成导电回路系统。
- 在正常良好工作状态下，红色指示灯与绿色指示灯均不亮，并不发出报警提示音，当人体与测试仪接触不良时，红灯亮并发出报警提示音；当人体与大地接触不良时绿灯亮并发出报警提示音；当人体与手腕带与大地都有出现导电接触不良时，红灯与绿灯同时并发出警报提示音。

③ 注意事项。

- 当电池不足时，可更换锂电池，电池正常使用时间为半年。
- 当人体本身表面干燥时，红灯会亮，此时，要对人体配带部位表面进行加湿，保持作业人员的静电阻值正常。
- 当检测仪与人体或接地不良时会发生自动警鸣。

智能防静电手腕带代替了传统的手腕带与检测仪器的功能并加强分辨力度，随时检测产品的问题的发生，并为提高生产效率迈出科技性的进步。自动报警防静电手腕带，采用高科技编制而成，是手腕带与静电检测仪二合一的综合体，是静电革命的新台阶，也是提高生产效率与质量保证进一步发展的新生物，产品符合环保认证与静电认证。

(4) 使用寿命

首先，防静电手腕带的寿命是与质量密切相关的。非人为的正常工作磨损，是产品损坏的根本。工作中，手腕带导线的不断弯折，最终会让导线内的金属纤维断开，造成手腕带防静电功能的失效。

国外大品牌的手腕带都经过严格的悬挂重物弯折测试，产品工艺、质量和流程都有严格的监控,保证了产品能够符合规定的弯折次数,使用寿命在 1~2 年。更有一些优质产品,几乎没有正常磨损造成的损坏,为客户提供终身的质量保证。

国内的产品现状是质低价低。产品标准也只针对产品的性能,没有对更多的性能参数提供测试标准。产品的电阻只要能够达到 1MΩ 即为合格。对使用寿命不能提供任何标准和保证。

2. 名词解释

(1) 标准作业程序

标准作业程序是一个标准业务管理/操作流程,也是一种管理模式。

标准作业程序是一种过程管理而不是结果管理,通过对过程的标准化操作,减少和预防差错和不良后果的发生。

标准作业程序不是万能的,不能解决和预防所有问题的发生。本身标准作业程序就是一个不断优化的过程。不是为了进行标准作业而设置标准作业程序,而是为了工作和管理的标准化,本身也是企业管理知识的积累总结和显性化。

(2) PDCA

① 循环规则。规则说明如下。

- Plan:制定目标与计划。
- Do:任务展开,组织实施。
- Check:对过程中的关键点和最终结果进行检查。
- Action:纠正偏差,对成果进行标准化,并确定新的目标,制定下一轮计划。

② 意义:每一项工作,都是一个 PDCA 循环,都需要计划、实施、检查结果,并进一步进行改进,同时进入下一个循环,只有在日积月累的渐进完善中,才可能会有质的飞跃,才可能取得完善每一项工作,完善自己的人生。

③ PDCA 的四个阶段

- P(计划 PLAN):从问题的定义到行动计划。
- D(实施 DO):实施行动计划。
- C(检查 CHECK):评估结果。
- A(处理 ACT):标准化和进一步推广项目。

(3) ECRS 分析法

ECRS 分析法,是工业工程学中程序分析的四大原则,用于对生产工序进行优化,以减少不必要的工序,达到更高的生产效率。ECRS,即取消(Eliminate)、合并(Combine)、调整顺序(Rearrange)、简化(Simplify)。

① 基本介绍。在进行 5W1H 分析的基础上,可以寻找工序流程的改善方向,构思新的工作方法,以取代现行的工作方法。运用 ECRS 四原则,即取消、合并、重组和简化的原则,可以帮助人们找到更好的效能和更佳的工序方法。

有些学说在 ECRS 四大原则之外还增加了另一个原则,即增加 I(Increase),意为在现有工序的基础上增加新的工序,来提高产品质量、增加产品功能,或者为后续工作做准备等。

在实际的工作中要重复性地利用 ECRSI,不断优化—实践—分析—优化,来达到更高的生产效率。

② 分析内容。

- 取消(Eliminate)。首先考虑该项工作有无取消的可能性。如果所研究的工作、工序、操作可以取消而又不影响半成品的质量和组装进度,这便是最有效果的改善。例如,不必要的工序、搬运、检验等,都应予以取消,特别要注意那些工作量大的装配作业;如果不能全部取消,可考虑部分地取消。例如,由本厂自行制造变为外购,这实际上也是一种取消和改善。

- 合并(Combine)。合并就是将两个或两个以上的对象变成一个。如工序或工作的合并、工具的合并等。合并后可以有效地消除重复现象,能取得较大的效果。当工序之间的生产能力不平衡,出现人浮于事和忙闲不均时,就需要对这些工序进行调整和合并。有些相同的工作完全可以分散在不同的部门去进行,也可以考虑能否都合并在一道工序内进行。

- 重组(Rearrange)。重组也称为替换,就是通过改变工作程序,使工作的先后顺序重新组合,以达到改善工作的目的。例如,前后工序的对换、手的动作改换为脚的动作、生产现场机器设备位置的调整等。

- 简化(Simplify)。经过取消、合并、重组之后,再对该项工作作进一步更深入的分析研究,使现行方法尽量地简化,以最大限度地缩短作业时间,提高工作效率。简化就是一种工序的改善,也是局部范围的省略,整个范围的省略也就是取消。

(4) PFMEA

PFMEA 是过程失效模式及后果分析(Process Failure Mode and Effects Analysis)的英文简称,是由负责制造、装配的工程师小组主要采用的一种分析技术,用以最大限度地保证各种潜在的失效模式及其相关的起因和机理已得到充分的考虑和论述。

(5) IE

IE 是指工业工程师,就是从事工业工程的人。IE 中的 Layout 是指布局,即工厂里面负责人员调配,模具制作,作业指导书编制,统管生产安排。

3. 标准作业程序在其他工作中的应用案例

案例(1)

某航空公司,发生了一件事情,自从那个事情发生以后,反而越做越好了。事情的经过是这样的:飞机起飞后我们所知道的第一件事,应该是收起起落架!结果发现那个起落架收不起来,结果那架飞机又降落了,你猜发生了什么事?是一个锁住起落架的插销没有拔,结果卡啦一拔!飞机又起飞了。这两个上上下下,600磅航空汽油全部烧掉。最重要的还不是汽油问题,你跟乘客怎么交代?飞机刚起飞马上又飞下来?大家都吓死,不知出什么事?你能广播吗?你敢广播吗?各位旅客,不要惊慌,不要惊慌!我们现在下去只是因为插销忘了拔。你敢这样广播吗?痛苦啊!很多乘客吓一跳,以为出大事了。结果他们老总发火了,出这种事情!我们的航空公司还要不要干了?结果他写了一张 A4 纸,如何不忘记拔插销,心血来潮,写下了几个步骤。从今以后该航空公司就没有忘掉拔任何一个插销。从今而后该航空公司,拔插销以后,那个人要后退15步,手举起来,那个开飞机的定会看到,他的手就会做出确认姿势,表示我看到了。那个拔插销的手就会放下,那个手一放下,拖飞机的拖车就开始拖了。所以从今以后就没有忘记任何一个插销。这种观念,叫做标准作业程序。

案例(2)

在某五星级饭店住过的客户深有体会,哪个饭店是五颗星的五星级饭店,我们注意到,它有些细节是我们一般人做不到的,这就是我们认为它的最困难的地方。第一个,我早上一起床,门一打开,这个走廊尽头有个女服务员。一看我那个门打开,走过来,就说,早上好,李先生。叫我早不稀奇,知道我姓李很难。我马上就问他,你怎么知道我姓李?先生,昨天晚上你们睡觉的时候,我们要记住每个房间客人的名字。后来我从四楼,坐电梯下去,到了电梯门口一开,有一个女服务员站在那边,早上好李先生!你知道我姓李?背记我的名字,怎么可能?先生,上面有电话下来,说你下来的。然后我就去吃早餐,吃早餐的时候送来了一个点心。我就问她,这中间红的是什么?他们的服务员看了一眼,后退一步说,那是什么。什么那旁边那个黑黑的是什么?她上前一步又看了一眼,后退一步说,那是什么什么。她为什么后退一步?她怕她的口水会碰到我的菜。这就是五颗星与四颗星的最大区别。你想想看,五颗星是这样子好拿的吗?多的那颗心就在这节骨眼上,就是这种细节,所以它跟别人不一样。它就有这个本事在见到你的时候,叫出你的姓。别的酒店就是做不到,这个就是它跟人家的区别。你认为这种东西真的很难吗?这就是细节,所以标准作业程序就是细节,规范那些小小的地方。

案例(3)

清朝紫禁城里面是一点声音都没有的。因为完全凭标准作业程序作业,虽然他们并没有这个名字。慈禧太后吃完饭后,只要看慈禧太后摆放的筷子就能发现,如果是直的摆,表示还要继续吃,如果横得往前推,表示吃完了,就这么一个记号。大太监一看就出去,把左手拿起来,中指和食指合并,这就叫上水。太后吃完饭要上水的,水上去,一个银盆,中间漂着六片莲花。太后一漱完口,大太监又出去了,上茶,早上喝龙井,中午喝碧螺春,晚上喝普洱,分得非常清楚。太后中午喝什么茶,问都不用问,统统按标准作业程序,她的茶盖,如果是虚掩着的表示还要继续喝。掀起来,斜靠在旁边,表示喝完了。大太监一看又出去了,上烟!太后吃完了要抽水烟袋的,上烟的要从她右边绕过去,跪在烟点的方向,给她擦火。这一切都是静悄悄的,没有任何声音。这批人紫禁城全都有标准作业程序的,什么事情全都有一个默契,你说还需要讲话吗?

案例(4)

某小区"严格"管理出入车辆,每台车进入的时候保安都会开一张"白条",开出的时候再进行核对。为了避免车辆随意闯入,还在门口立了一根铁杆,一般情况下,保安都是先拔开铁杆,将"白条"送给车主,然后车主直接开车驶入。这一日换了个新保安……

从几个例子可以看出标准作业程序无论在哪个场合,对整个操作过程中的事件进展过程会产生很大的影响。

技能训练 3：编写作业指导书技能训练

根据电子装配工艺中的电子装配项目，完成下列电子电路安装作业指导书标准作业书。

单位名称		作业指导书		文件编号		编制日期		页数 第 页共 页		版本
适用产品名称及编号	直流稳压电源 NO:1			工序名称		标准工时		标准产能/H		
				工序排号		作业类型		人员配置		
				序号	材料编号	材料名称		材料规格		数量
				1						
				2						
				3						
						操作说明				技术要求
				检查上工序						
				本工序作业						
				自检						
设备及工装夹具										
设备、工装名称	型号			设定条件						
								核准	审核	承办单位 承办人：

单位名称			文件编号		页数		版本
作业指导书					第 页 共 页		
适用产品名称及编号	直流稳压电源 NO:2	工序名称		编制日期			
		工序排号		标准工时		标准产能/H	
		序号	材料编号	材料名称	作业类型	人员配置	
					材料规格		数量
		1					
		2					
		3					
			操作说明			技术要求	
		检查上工序					
		本工序作业					
		自检					
设备、工装名称		设备及工装夹具					
		型号		设定条件			
					核准	审核	承办单位 承办人:

单位名称			作业指导书		文件编号		编制日期		页数		版本
适用产品名称及编号	直流稳压电源 NO:3						标准工时		标准产能/H		
							作业类型		人员配置		
				工序名称			材料名称		材料规格		数量
				工序排号							
				序号	材料编号						
				1							
				2							
				3							
						操作说明			技术要求		
				检查上工序							
				本工序作业							
				自检							
设备及工装夹具											
设备、工装名称		型号		设定条件							
							核准		审核		
										承办单位	
										承办人：	

单位名称			文件编号		页数		版本
作业指导书					第 页 共 页		
适用产品名称及编号	直流稳压电源 NO:4	工序名称		编制日期		标准产能/H	
		工序排号		标准工时		人员配置	
		序号	材料编号	材料名称	作业类型	材料规格	数量
		1					
		2					
		3					
		操作说明				技术要求	
		检查上工序					
		本工序作业					
		自检					
设备及工装夹具		设定条件					
设备、工装名称	型号						
				核准	审核	承办单位	
						承办人:	

思考题：

1. 为什么要进行标准作业程序？
2. 什么是最好的标准作业程序？
3. 标准作业程序的具体事项有哪些？

项目4

出货品质管理OQC

【项目描述】

OQC 作为品质管理部人员的一项重要工作,其主要工作内容就是负责公司所有最终成品入库和出货前的检验与测试及标志,库存超期品的复检验以及资料的反馈,各报表的填写汇总统计分析资料等。本项目主要从 OQC 定义、OQC 检验标准、QC 七大手法及 Minitab 分析统计学习入手,使学生全面认识出货品质管理 OQC。

【学习目标】

(1) 掌握出货检测的方法、标准及检验结果的处理。

(2) 了解产品的检验标准,能够编写速检表。

(3) 了解统计原理 Minitab。

(4) 掌握 QC 七大手法。

【能力目标】

(1) 能读懂 OQC 出货检验记录表(中、英文)。

(2) 能使用功率计测量仪器测试产品参数。

(3) 能根据产品要求和元件参数,判定来料质量是否合格。

(4) 会使用 Minitab 软件做一般的统计分析。

(5) 能根据产品要求设计出货检验报告。

4.1 出货检验 OQC

【任务要求】

(1) 了解出货品管 OQC。

(2) 掌握出货品管 OQC 的工作职责。

(3) 了解 OQC 作业标准。

【基本活动】

4.1.1 出货检验 OQC 基本概念

1. OQC 的定义

OQC 是 Outgoing Quality Control 的简写,即成品出厂检验(OQC)。成品出厂前必须进行出厂检验,才能达到产品出厂零缺陷客户满意零投诉的目标。

检验项目包括成品包装检验、成品标识检验、成品外观检验、成品功能性能检验。

OQC 是产品出货前的品质检验、品质稽核及管制,主要针对出货品的包装状态、防撞材料、产品识别、安全标示、配件、使用手册、保证书、附加软体光碟、产品性能检测报告、外箱标签等做一个全面性的查核确认,以确保客户收货时和约定内容符合一致,以完全达标的方式出货。

经由 OQC 后所发现的不合格品的处理,视不合格状况的不同,可能回到制程前段或是半成品阶段进行重工或修理,之后再通过 OQC 检测一次,若产品发生无法重工或修理的品质缺失,就会被直接报废,算入生产耗损的成本项目内;或被降级(降低品级,Down Grade)处理,销售给品质要求较低的客户。

有些厂商的出货品管,会对准备出货的产品再进行一次品质管制的抽检活动,则此一阶段的品检着重是"抽样检查",而跟 FQC 阶段的"全部检查"有所不同。当然,对高单价或高品级的产品,在 OQC 阶段对产品的整体状况(主体产品本身、配件、使用手册或保证书、标示标签、包装等)再次进行全检(100%全数检验)亦有其必要性。

2. OQC 工作职责

从 OQC 的定义我们可以看出,OQC 负责公司所有最终成品入库和出货前的检验与测试及标志,库存超期品的复检验以及资料的反馈,各报表的填写汇总统计分析资料等。

OQC 工作职责主要包括:
- 按照检验标准执行检验,负责对成品入库前品质的最终检验与确认。
- 负责客户验货接待。
- 协助公司业务员跟踪客户需求及相关资料的处理。
- 负责检验数据的录入和统计,填写最终产品检验报告并及时反馈到相关部门。
- 检验标准范围外,介于可返可不返时请上级领导确认;差异较大可直接开《返工通知单》给生产部。

例如下面是某木器厂 OQC 的工作职责,仅供参考。

(1) 岗位信息

岗位信息如图 4.1 所示。

岗位名称:	成品出货检验	隶属部门:	品管部
岗位编码:		直接上级:	品管经理
工资等级:		直接下级:	无

图 4.1 岗位信息

(2) 岗位工作概述

负责公司所有最终成品入库和出货前的检验与测试及标志,库存超期品的复检验以及资料的反馈,各报表的填写汇总统计分析资料,以供优先减免。

(3) 工作职责与任务
- 按生产传票核对产品数量。
- 所有产品入库和出货前的检验与测试(参照品质标准书、工艺图纸、订单要求)。
- 所有入库和出货前的可靠性实验。
- 呆滞品检验及仓库储存状况查核。
- 品质异常反馈及改善追踪、效果确认。
- 报表填写及提供统计分析资料。
- 定期检讨检验规范的合理性与充分性。
- 维持公司正常品质系统及内部品质稽核。
- 上级临时交付的工作事项。

(4) 岗位工作权限
- 对公司所有产品入库和出货前的检验与测试。
- 对库存超期品的复检验,以及品质异常的处理,反馈与追踪。

(5) 岗位要求
- 各量具的使用。
- 品管七大手法及相关统计技术。

(6) 岗位技能要求
- 计算机操作能力:熟练操作。
- 熟悉最终成品检验,熟悉品管七大手法。
- 组织协调能力较好。

3. OQC 品质管理的方法与技巧

(1) 成品抽样检查

成品抽样检查涉及抽样方法、检验标准、精通产品几个方面。

(2) 成品全检

成品全检包括控制项目全检、所有项目全检。

(3) 商品实验

商品实验包括实验设计、实验操作。

4.1.2 OQC 作业标准

1. OQC 作业标准

(1) 品管部按照"出货通知单"的出货日期派出 OQC 人员作出货检验

① OQC 人员按照"出货通知单"核对出货产品的客户、型号、数量是否正确。

② OQC 人员对产品的外观进行检验。
- 产品表面用手滑过时无明显凹凸感。
- 产品无变形、透光、吸浆不足、破损等现象。

③ 若为无铅产品,还应检验该产品是否符合环境管理物质的包装标志,以及相关证明资料。

④ OQC 人员对产品重量、含水率进行检验。

- 用电子称依据客户要求的重量对产品进行称重。
- 用干湿测定仪测量产品含水率≤12%的为合格品。

⑤ OQC人员对包装数量进行检验。根据客户要求包装数量对产品进行检验,不得有"短装"现象,若客户有特殊包装要求者一并予以确认,以满足客户要求。

⑥ OQC人员对产品外围尺寸进行检验。根据客户提供产品外围尺寸公差进行检验,超出客户可接收范围的为不合格品。

(2)检验结果处理

① 合格。由OQC人员于外包装箱或包装袋标签上盖蓝色"OQC PASS"章。

② 不合格。

- 由OQC人员开立"品质异常处理单"交由相关单位分析处理不合格原因,提出改善对策,并对其效果进行追踪确认。
- 不合格品由制造单位派员全检,若需特采使用则由生产管理人员提出特采申请。
- 发现不符合环境管理产品,应予以隔离、标示,并及时报告环境负责人处理。

(3)记录

对以上检验结果(包括环境管理的标示检验),应做好记录、保存以利于追溯。

2. OQC检验报告

OQC检验结束应完成出货检验报告。如表4.1所示为某产品出货检验报告。

表4.1 出货检验报告

户名称:		机种名称:		抽验日期:	
工单编号:		订单编号:		订单数量:	
本批批号:		本批数量:		抽验数量:		不合格品数量:	
检验允收标准	检验标准:□ IPC-A-610C □客户检验标准规范数据 □其他_____ □AQL:0.65 □AQL:0.40 □AQL:1.00 □100% INSPECTION					
NG项目	反向	短路	缺件	错件	空焊	冷焊	包焊	刮伤	污秽	高翘	立碑	侧翻	浮件	损件	偏移	溢胶	多件	变形	沾锡	锡珠	其他
数量																						
判定	□部分出货_____PCS □全部出货																			
抽验序号	
说明:	
出货核准:		检验者:		出货累计:	

4.2 品管七大手法

4.2.1 品管七大手法的概念

品管七大手法是常用的统计管理方法,又称为初级统计管理方法。

在品管工作中,为了了解产品的生产过程、品质状况,需要从一批产品中,客观地抽取一部分样品进行测试而得到的数据,取得一批数据进行加工整理,通过对这一部分样品的研究,运用统计推断方法预测推断总体的品质状况,从而找出产品品质的波动规律。这就是品管中的数理统计方法。

常用的统计方法有检查表、层别法、柏拉图、因果图、散布图、直方图、控制图,这就是通常所说的"品管七大手法"。

4.2.2 品管七大手法的应用

1. 检查表

检查表就是将需要检查的内容或项目一一列出,然后定期或不定期地逐项检查,并将问题点记录下来的方法,有时叫做查检表或点检表。

例如点检表、诊断表、工作改善检查表、满意度调查表、考核表、审核表、5S活动检查表、工程异常分析表等。如表4.2所示为机器设备异常保养点检表。

表4.2 机器设备异常保养点检表 月份

日期 项目	1	2	3	4	5	……31
漏油						
漏水						
漏汽						
⋮						
查核者						
异常处理						

(1) 组成要素

确定检查的项目、检查的频度、检查的人员。

(2) 实施步骤

① 确定检查对象。

② 制定检查表。

③ 依检查表项目进行检查并记录。

④ 对检查出的问题要求责任单位及时改善。

⑤ 检查人员在规定的时间内对改善效果进行确认。

⑥ 定期总结,持续改进。

2. 层别法

层别法就是将大量有关某一特定主题的观点、意见或想法按组分类,将收集到的大量数据或资料按相互关系进行分组,并加以层别。层别法一般和柏拉图、直方图等其他七大手法结合使用,也可单独使用。例如抽样统计表、不合格类别统计表、排行榜等。

层别法实施步骤为:

① 确定研究的主题。

② 制作表格并收集数据。

③ 将收集的数据进行层别。

④ 比较分析,对这些数据进行分析,找出其内在的原因,确定改善项目。

例如:××公司注塑机系三班轮班,三班所生产的产品均为同一产品,结果如表4.3所示,以班别来加以统计,可得知各班的产量及不合格率状况,以便于有依据地采取措施。

表 4.3　层别表

班别项目	A	B	C
产量(件)	10000	10500	9800
不合格率(%)	0.3	0.4	0.2

层别法的应用,主要是一种系统概念,即在于要想把相当复杂的资料进行处理,就需懂得如何把这些资料加以有系统有目的地加以分门别类的归纳及统计。

3. 柏拉图

在工厂或办公室里,把低效率、缺点、制品不合格等损失按其原因或现象进行分类,也可换算成损失金额来表示,以金额顺序大小排列,对占总金额的80%以上的项目加以追究处理,这就是所谓的柏拉图(pareto)分析。

柏拉图的使用要以层别法为前提,将层别法已确定的项目从大到小进行排列,再加上累积值的图形。它可以帮助我们找出关键的问题,抓住重要的少数及有用的多数,适用于记数值统计,有人称为ABC图,又因为柏拉图的排序是从大到小的,故又称为排列图。

(1)柏拉图的分类

① 分析现象柏拉图。分析现象用的柏拉图与不合格结果有关,用来发现主要问题,主要包含以下四种项目。

• 品质:不合格、故障、顾客抱怨、退货、维修等内容。

• 成本:损失总数、费用等内容。

• 交货期:存货短缺、付款违约、交货期拖延等内容。

• 安全:发生事故、出现差错等内容。

② 分析原因柏拉图。分析原因用的柏拉图与过程因素有关,用来发现主要问题,主要包含以下四种项目。

• 操作者:班次、组别、年龄、经验、熟练情况等内容。

• 机器:设备、工具、模具、仪器等内容。

• 原材料:制造商、工厂、批次、种类等内容。

• 作业方法:作业环境、工序先后、作业安排等内容。

(2) 柏拉图的作用
① 使降低不合格品有了依据。
② 可以决定改善目标,找出问题点。
③ 可以确认改善的效果。

(3) 实施步骤
① 收集数据,用层别法分类,计算各层别项目占整体项目的百分数。
② 把分好类的数据进行汇总,由多到少进行排列,并计算累计百分数。
③ 绘制横轴和纵轴刻度。
④ 绘制柱状图。
⑤ 绘制累积曲线。
⑥ 记录必要事项。
⑦ 分析柏拉图。

(4) 实施要点
- 柏拉图有两个纵坐标,左侧纵坐标一般表示数量或金额,右侧纵坐标一般表示数量或金额的累积百分数。
- 柏拉图的横坐标一般表示检查项目,按影响程度大小,从左到右依次排列。
- 绘制柏拉图时,按各项目数量或金额出现的频数,对应左侧纵坐标画出直方形,将各项目出现的累计频率,对应右侧纵坐标描出点子,并将这些点子按顺序连接成线。

(5) 应用要点及注意事项
① 柏拉图要留存,把改善前与改善后的柏拉图排在一起,可以评估出改善效果。
② 分析柏拉图只要抓住前面的 2～3 项就可以了。
③ 柏拉图的分类项目不要定得太少,5～9 项较合适,如果分类项目太多,超过 9 项,可划入其他,如果分类项目太少,少于 4 项,做柏拉图则无实际意义。
④ 做成的柏拉图如果发现各项目分配比例差不多时,柏拉图就失去意义,与柏拉图法则不符,应从其他角度收集数据再作分析。
⑤ 柏拉图是改善管理的手段而非目的,如果数据项别已经清楚的,则无须浪费时间制作柏拉图。
⑥ 其他项目如果大于前面几项,则必须加以分析层别,检讨其中是否有原因。
⑦ 柏拉图分析的主要目的是从获得的情报中显示问题重点进而采取相应的对策,但如果第一位的项目依靠现有条件很难解决时,或者即使解决但花费很大,得不偿失,那么可以避开第一位项目,而从第二位项目着手。

如图 4.2 所示为某部门某月生产的产品作出的柏拉图。可以看出,该部门某月产品不合格最大的来自破损,占了 47.1%,前三项(破损、变形、刮痕)加起来超过了 80% 以上,进行处理应以前三项为重点。

4. 因果图
所谓因果图,又称特性要因图,主要用于分析品质特性与影响品质特性的可能原因之间的因果关系,通过把握现状、分析原因、寻找措施来促进问题的解决,是一种用于分析品质特性(结果)与可能影响特性的因素(原因)的一种工具,又称为鱼骨图。

图 4.2 柏拉图

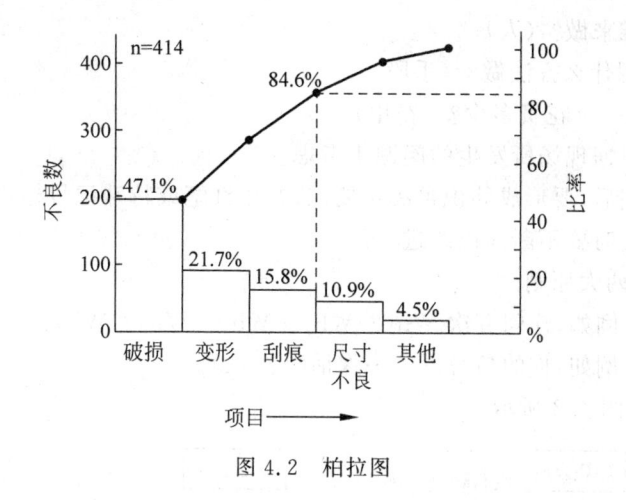

(1) 因果图分类

① 追求原因型。追求原因型因果图在于追求问题的原因,并寻找其影响,以因果图表示结果(特性)与原因(要因)间的关系。

② 追求对策型。追求对策型因果图追求的是问题如何防止、目标如何达成,并以因果图表示期望效果与对策的关系。

(2) 实施步骤

① 成立因果图分析小组,3~6人为好,最好是各部门的代表。

② 确定问题点。

③ 画出干线主骨、中骨、小骨及确定重大原因(一般从 5M1E 即人 Man、机 Machine、料 Material、法 Method、测 Measure、环 Environment 六个方面全面找出原因)。

④ 与会人员热烈讨论,依据重大原因进行分析,找到个中原因或小原因,绘至到因果图中。

⑤ 因果图小组要形成共识,把最可能是问题根源的项目用红笔或特殊记号标志。

⑥ 记录必要事项。

(3) 应用要点及注意事项

① 确定原因要集合全员的知识与经验,集思广益,以免疏漏。

② 原因解析得越细越好,越细则更能找出关键原因或解决问题的方法。

③ 有多少品质特性,就要绘制多少张因果图。

④ 如果分析出来的原因不能采取措施,说明问题还没有得到解决,要想改进有效果,原因必须要细分,直到能采取措施为止。

⑤ 在数据的基础上客观地评价每个因素的主要性。

⑥ 把重点放在解决问题上,并依 5W2H(从 Why、What、Where、When、When、How、How much 等方面着手,然后考虑怎么做的过程)的方法逐项列出。绘制因果图时,重点先放在"为什么会发生这种原因、结果",分析后要提出对策时则放在"如何才能解决"。

- Why——为何要做?(对象)。
- What——做什么?(目的)。
- Where——在哪里做?(场所)。
- When——什么时候做?(顺序)。

- Who——谁来做？（人）。
- How——用什么方法做？（手段）。
- How much——花费多少？（费用）。

⑦ 因果图应根据现场所发生的问题来考虑。

⑧ 因果图绘制后，要形成共识再决定要因，并用红笔或特殊记号标出。

⑨ 因果图使用时要不断加以改进。

（4）因果图的两大原则
- 丰田原则：例如，连问五次 Why? Why? Why? Why? Why?
- 像话原则：例如，你的鱼骨图……像话吗？

鱼骨图示例如图 4.3 所示。

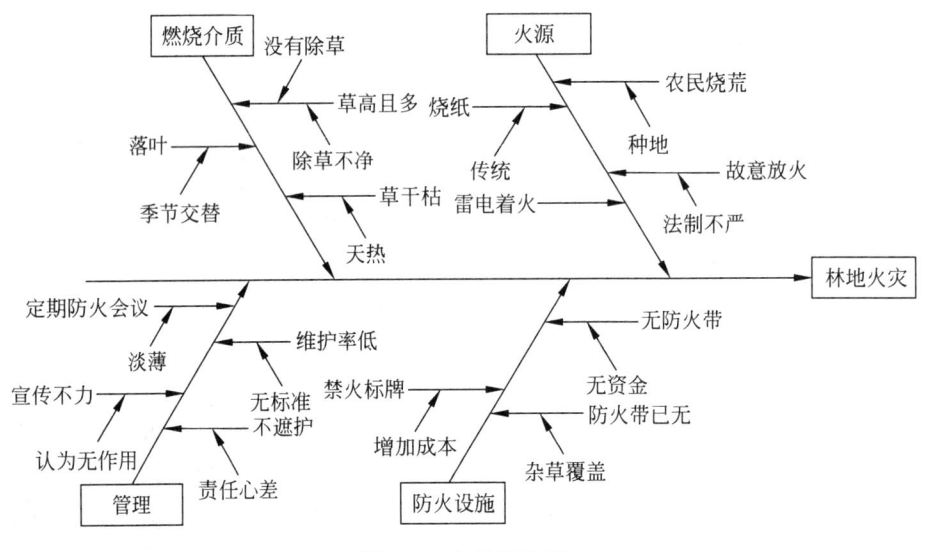

图 4.3 鱼骨图示例

5. 散布图

将因果关系所对应变化的数据分别描绘在 X-Y 轴坐标系上，以掌握两个变量之间是否相关及相关的程度如何，这种图形叫做"散布图"，也称为"相关图"。

（1）散布图分类

① 正相关：当变量 X 增大时，另一个变量 Y 也增大，如图 4.4 所示。

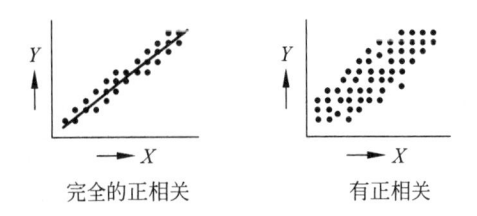

图 4.4 正相关

② 负相关：当变量 X 增大时，另一个变量 Y 却减小，如图 4.5 所示。

③ 不相关：变量 X（或 Y）变化时，另一个变量并不改变，如图 4.6 所示。

图 4.5 负相关

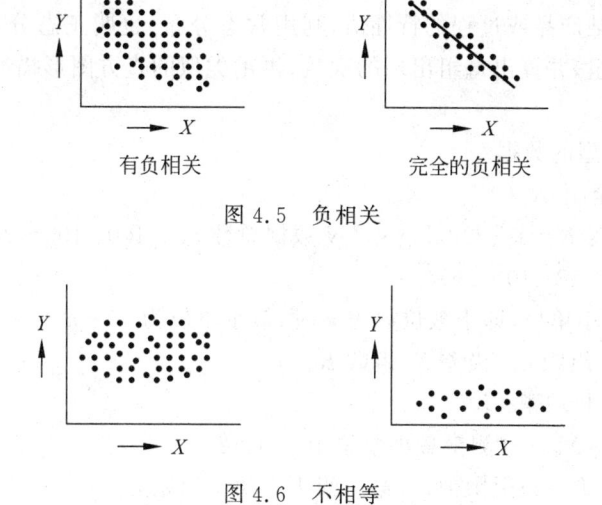

有负相关　　　完全的负相关

图 4.6 不相等

④ 曲线相关：变量 X 开始增大时，Y 也随着增大，但达到某一值后，则当 X 值增大时，Y 反而减小，如图 4.7 所示。

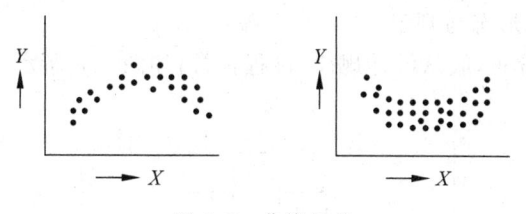

图 4.7 曲线相关

(2) 实施步骤

① 确定要调查的两个变量，收集相关的最新数据，至少 30 组以上。
② 找出两个变量的最大值与最小值，将两个变量描入 X 轴与 Y 轴。
③ 将相应的两个变量，以点的形式标上坐标系。
④ 计入图名、制作者、制作时间等项目。
⑤ 判读散布图的相关性与相关程度。

(3) 应用要点及注意事项

① 两组变量的对应数至少在 30 组以上，最好 50 组至 100 组，数据太少时，容易造成误判。
② 通常横坐标用来表示原因或自变量，纵坐标表示效果或因变量。
③ 由于数据的获得常常因为 5M1E(即人 Man、机 Machine、料 Material、法 Method、测 Measure、环 Environment 六个方面)的变化，导致数据的相关性受到影响，在这种情况下需要对数据获得的条件进行层别，否则散布图不能真实地反映两个变量之间的关系。
④ 当有异常点出现时，应立即查找原因，而不能把异常点删除。
⑤ 当散布图的相关性与技术经验不符时，应进一步检讨是否有什么原因造成假象。

6. 直方图

直方图是针对某产品或过程的特性值,利用常态分布(也叫正态分布)的原理,把50个以上的数据进行分组,并算出每组出现的次数,再用类似的直方图形描绘在横轴上。

(1) 实施步骤

① 收集同一类型的数据。

② 计算极差(全距)$R = X_{max} - X_{min}$。

③ 设定组数K:$K = 1 + 3.23 \log N$,(N数据总数50～100、100～250、250以上分别对应组数为6～10、7～12、10～20)。

④ 确定测量最小单位,即小数位数为n时,最小单位为$10-n$。

⑤ 计算组距h,组距h=极差R/组数K。

⑥ 求出各组的上、下限值

第一组下限值$= X_{min} -$(测量最小单位$10-n$)/2。

第二组下限值(第一组上限值)=第一组下限值+组距h。

⑦ 计算各组的中心值,组中心值=(组下限值+组上限值)/2。

⑧ 制作频数表。

⑨ 按频数表画出直方图。

(2) 直方图的常见形态与判定

① 正常型:正态分布,服从统计规律,过程正常,如图4.8所示。

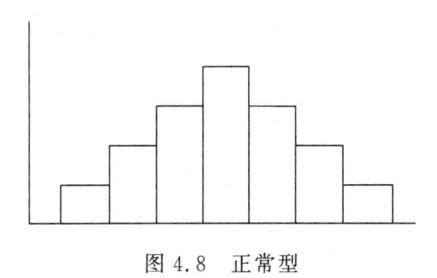

图4.8 正常型

② 缺齿型:不是正态分布,不服从统计规律。

③ 偏态型:不是正态分布,不服从统计规律,如图4.9所示。

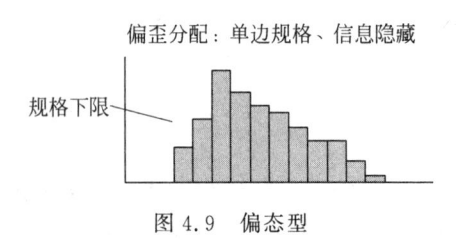

图4.9 偏态型

④ 离岛型:不是正态分布,不服从统计规律,如图4.10所示。

⑤ 高原型:不是正态分布,不服从统计规律。

⑥ 双峰型:不是正态分布,不服从统计规律,如图4.11所示。

⑦ 不规则型:不是正态分布,不服从统计规律。

离岛分配：特别原因

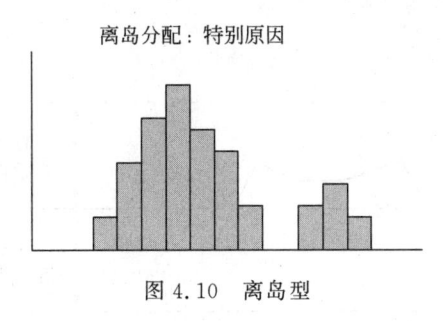

图 4.10 离岛型

双峰分配：来自不同的群体

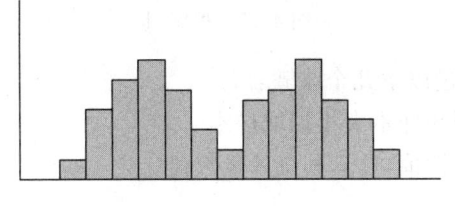

图 4.11 双峰型

7. 控制图

（1）控制图法的涵义

影响产品质量的因素很多，有静态因素也有动态因素，有没有一种方法能够即时监控产品的生产过程，及时发现质量隐患，以便改善生产过程，减少废品和次品的产出？控制图法就是这样一种以预防为主的质量控制方法，它利用现场收集到的质量特征值，绘制成控制图，通过观察图形来判断产品的生产过程的质量状况。控制图可以提供很多有用的信息，是质量管理的重要方法之一。

控制图又叫管理图，它是一种带控制界限的质量管理图表。运用控制图的目的之一就是通过观察控制图上产品质量特性值的分布状况，分析和判断生产过程是否发生了异常，一旦发现异常就要及时采取必要的措施加以消除，使生产过程恢复稳定状态。也可以应用控制图来使生产过程达到统计控制的状态。产品质量特性值的分布是一种统计分布，因此，绘制控制图需要应用概率论的相关理论和知识。

控制图是对生产过程质量的一种记录图形，图上有中心线和上下控界限，并有反映按时间顺序抽取的各样本统计量的数值点。中心线是所控制的统计量的平均值，上下控制界限与中心线相距数倍标准差。多数的制造业应用三倍标准差控制界限，如果有充分的证据也可以使用其他控制界限。

常用的控制图有计量值和记数值两大类，它们分别适用于不同的生产过程；每类又可细分为具体的控制图，如计量值控制图可具体分为均值——极差控制图、单值——移动极差控制图等。

（2）控制图的绘制

控制图的基本式样如图 4.12 所示，由两个坐标和三条横向线条组成，纵坐标表示品质特性值，横坐标表示样本代码或年月日，三条横线条中有两条虚线，一条实线，上、下两条虚线称为上、下控制界线，分别用符号 UCL 和 LCL 表示，中间的实线叫中心线，用符号 CL

表示。

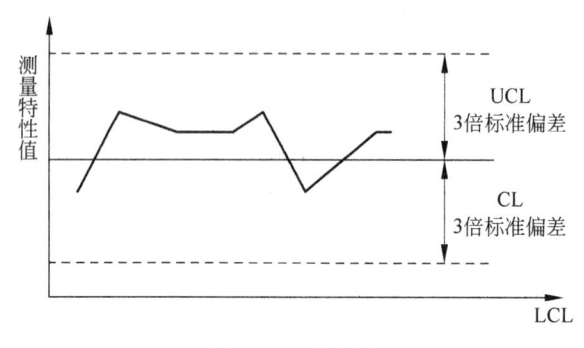

图 4.12 控制图

制作控制图一般要经过以下几个步骤：
① 按规定的抽样间隔和样本大小抽取样本。
② 测量样本的质量特性值，计算其统计量数值。
③ 在控制图上描点。
④ 判断生产过程是否有并行。

（3）应用要点及注意事项

控制图为管理者提供了许多有用的生产过程信息，应用时应注意以下几个问题：

① 根据工序的质量情况，合理地选择管理点。管理点一般是指关键部位、关键尺寸、工艺本身有特殊要求、对下道工序存有影响的关键点，如可以选质量不稳定、出现不合格品较多的部位为管理点。
② 根据管理点上的质量问题，合理选择控制图的种类。
③ 使用控制图做工序管理时，应首先确定合理的控制界限。
④ 控制图上的点有异常状态，应立即找出原因，采取措施后再进行生产，这是控制图发挥作用的首要前提。
⑤ 控制线不等于公差线，公差线是用来判断产品是否合格的，而控制线是用来判断工序质量是否发生变化的。
⑥ 控制图发生异常，要明确责任，及时解决或上报。

4. 控制界限的确定

制作控制图时并不是每一次都计算控制界限，那么最初控制线是怎样确定的呢？如果现在的生产条件和过去的差不多，可以遵循以往的经验数据，即延用以往稳定生产的控制界限。下面介绍一种确定控制界限的方法，即现场抽样法，其步骤如下：

① 随机抽取样品 50 件以上，测出样品的数据，计算控制界限，做控制图。
② 观察控制图是否在控制状态中，即稳定情况，如果点全部在控制界限内，而且点的排列无异常，则可以转入下一步。
③ 如果有异常状态，或虽未超出控制界限，但排列有异常，则需查明导致异常的原因，并采取妥善措施使之处在控制状态，然后再重新取数据计算控制界限，转入下一步。
④ 把上述所取数据作立方图，将立方图和标准界限（公差上限和下限）相比较，看是否处在理想状态和较理想状态，如果达不到要求，就必须采取措施，使平均位移动或标准偏差

减少,采取措施以后再重复上述步骤重新取数据,做控制界限,直到满足标准为止。

5. 利用控制图判断异常现象

用控制图识别生产过程的状态,主要是根据样本数据形成的样本点位置以及变化趋势进行分析和判断。失控状态主要表现为以下两种情况:

① 样本点超出控制界限。

② 样本点在控制界限内,但排列异常。

当数据点超越管理界限时,一般认为生产过程存在异常现象,此时就应该追究原因,并采取对策。而排列异常主要指出现以下几种情况:

- 连续7个以上的点全部偏离中心线上方或下方,这时应查看生产条件是否出现了变化。
- 连续三个点中的两个点进入管理界限的附近区域(指从中心线开始到管理界限的三分之二以上的区域),这时应注意生产的波动度是否过大。
- 点相继出现向上或向下的趋势,表明工序特性在向上或向下发生着变化。
- 点的排列状态呈周期性变化,这时可对作业时间进行层次处理,重新制作控制图,以便找出问题的原因。

控制图对异常现象的揭示能力,将根据数据分组时各组数据的多少、样本的收集方法、层别的划分不同而不同。不应仅仅满足于对一份控制图的使用,而应变换各种各样的数据收取方法和使用方法,制作出各种类型的图表,这样才能收到更好的效果。

值得注意的是,如果发现了超越管理界限的异常现象,却不去努力追究原因,采取对策,那么尽管控制图的效用很好,也只不过是空纸一张。

4.3 统计与测量工具

4.3.1 Minitab 统计工具介绍

1. Minitab 的定义

Minitab＝Mini＋Tabulator＝小型＋计算机

Minitab 是一款用于质量统计分析的软件,用于质量控制中。Minitab 内置质量分析的工具,如能力分析(Cp/Cpk)、控制图、Gage R&R 分析(指测量系统的重复性与可再现性)、Pareto(主次因素排列图)、可靠性分析、公差区间等,同时也有大量统计分析工具,如假设检验、回归分析、方差分析、时间序列分析等。

Minitab 是众多统计软件当中比较简单易懂的软件之一,相对来讲,Minitab 在质量管理方面的应用是比较适合的。Minitab 的功能齐全,一般的数据分析和图形处理都可以应付自如。

Minitab 以菜单的方式呈现,所以无须学习高难的指令,只需拥有基本的统计知识便可使用。图表支持良好,特别是与 Six-sigma(即六西格玛是一种改善企业质量流程管理的技术)有关联的部分陆续在完善之中。

2. Minitab 的功能

- 计算功能:即计算器功能、生成数据功能、概率分布功能、矩阵运算功能。

- 数据分析功能：包括基本统计、回归分析、方差分析、实验设计、分析控制图、质量工具、可靠度分析、多变量分析、时间序列、列联表、非参数估计、EDA、概率与样本容量。
- 图形分析：可制作的图形包括直方图、散布图、时间序列图、条形图、箱图、矩阵图、轮廓图、三维图、点图、饼图、边际图、概率图、茎叶图、特征图。

3. Minitab 界面和基本操作介绍

（1）Minitab 界面

Minitab 同一时间只能激活一个窗口，每一个窗口可以单独储存如图 4.13 所示。

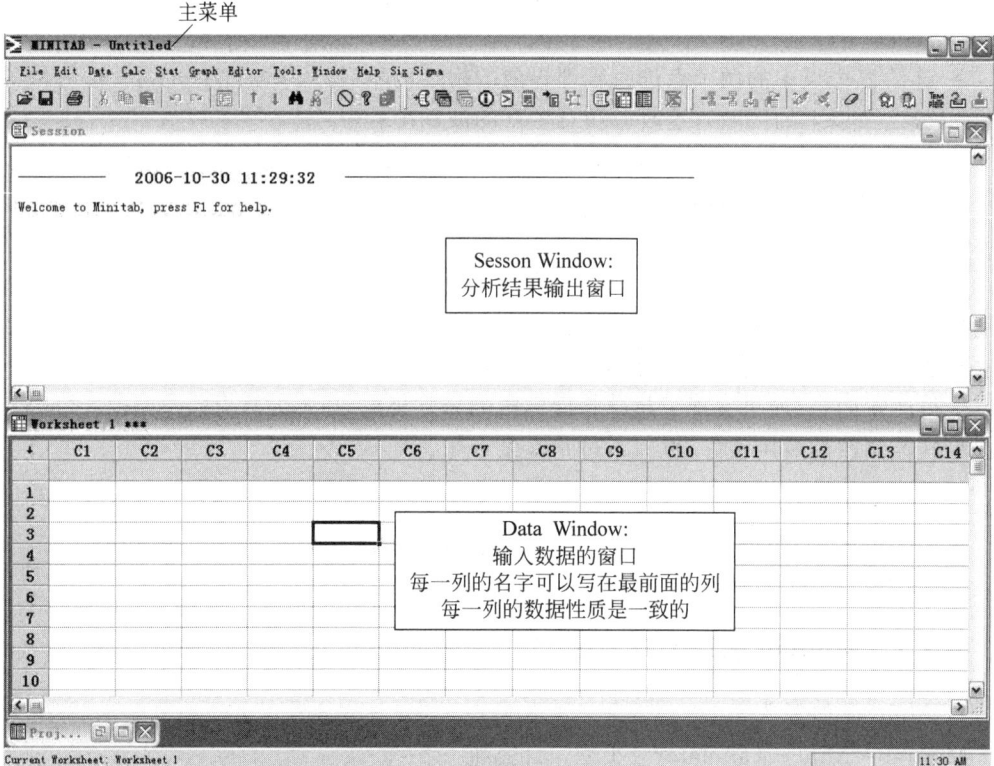

图 4.13　Minitab 界面

（2）工具栏（见图 4.14）

图 4.14　工具栏

File：其中包含有关文件管理所需的副菜单。

Edit：包括编辑 Worksheet data，外部 data 的 link 及 command link editor 副菜单。

Manip：包括 Worksheet data 的 Split、Sort、Rank、Delete、Stack/Unstack 等副菜单。

Calc：利用内部函数的数据计算及利用分布函数的数据生成。

Stat：是分析统计资料的副菜单，由基础统计、回归分析、分散分析、品质管理、时针序列分析、离散资料分析、非母数统计分析等构成。

Graph：由编辑 Graph 的 Graph Layout，Chart 副菜单及文字 Graph 构成。

Editor：不使用菜单，使用命令直接作业及 Clipboard setting 等副菜单。

Window：由控制 Window 画面构成的副菜单及管理 Graph 画面的副菜单构成。

4.3.2 功率计测量工具简介

1. 功率计分类

功率是表征电信号特性的一个重要参数。功率计是测量电信号有功功率的仪表。根据被测信号频率，功率计可分为：直流功率计、工频功率计、变频功率计、射频功率计和微波功率计。

由于直流功率等于电压和电流的简单乘积，实际测量中，一般采用电压表和电流表替代。

工频功率计是应用较普遍的功率计，常说的功率计一般都是指工频功率计。

变频功率计测量对象为变频电量，变频电量是指用于传输功率的，包括电压、电流以及电压电流引出的有功功率、无功功率、视在功率、有功电能、无功电能等。由于变频电量的频率成分复杂，变频功率计的测量一般包括基波有功功率(简称基波功率)、谐波有功功率(简称谐波功率)、总有功功率等，相比工频功率计而言，其功能较多，技术较复杂，一般称为变频功率分析仪或宽频功率分析仪，部分高精度功率分析仪也适用于变频电量测量。变频功率分析仪可以作为工频功率分析仪使用。

射频或微波功率计按照在测试系统中的连接方式不同，又可分为终端式和通过式两种。

终端式功率计把功率计探头作为测试系统的终端负载，功率计吸收全部待测功率，由功率指示器直接读取功率值。

通过式功率计，是利用某种耦合装置，如定向耦合器、耦合环、探针等从传输的功率中按一定的比例耦合出一部分功率，再送入功率计度量，传输的总功率等于功率计指示值乘以比例系数。

射频或微波功率计按灵敏度和测量范围分类。测热电阻型功率计使用热变电阻做功率传感元件，热变电阻值的温度系数较大，被测信号的功率被热变电阻吸收后产生热量，使其自身温度升高，电阻值发生显著变化，利用电阻电桥测量电阻值的变化，显示功率值。热电偶型功率计中的热偶结直接吸收高频信号功率，结点温度升高，产生温差电势，电势的大小正比于吸收的高频功率值。量热式功率计是典型的热效应功率计，利用隔热负载吸收高频信号功率，使负载的温度升高，再利用热电偶元件测量负载的温度变化量，根据产生的热量计算高频功率值。晶体检波式功率计是晶体二极管检波器将高频信号变换为低频或直流电信号，适当选择工作点，使检波器输出信号的幅度正比于高频信号的功率。

按被测信号分类有连续波功率计和脉冲峰值功率计。

2. 功率计的技术指标

(1) 变频功率分析仪的典型技术指标

带宽：50～100kHz。

采样频率：大于带宽的 2 倍。

电压、电流准确级：0.02级、0.05级、0.1级、0.2级、0.5级。

功率准确级：0.05级、0.1级、0.2级、0.5级、1级。

准确级适用基波频率范围：DC,0.1~400Hz。

准确级适用电压范围：0.75%~150%U_N。

准确级适用电流范围：1%~200%I_N。

准确级适用功率因数范围：0.05~1。

如图4.15所示为用于变频电量测量的功率计。

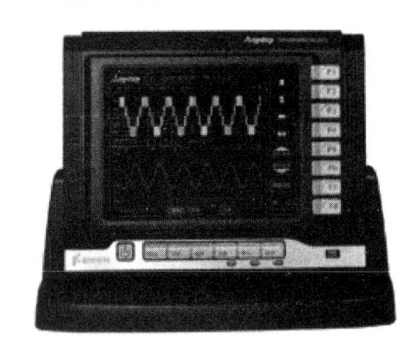

图4.15 用于变频电量测量的功率计

（2）射频功率计的典型技术指标

功率范围：保证测量精度的可测功率最大值和最小值范围。功率计的功率范围决定于功率探头。

最大允许功率指探头不被损坏的最大输入功率值，通常指平均功率。在测量大功率峰值信号时，注意峰值电压不能超过一定值，否则会造成电压击穿。使用功率计时绝对不能测量大于允许功率值的信号，否则会造成功率探头烧毁。

频率范围：能保证测量精度和性能指标的被测信号的频率范围。

测量精度：指功率探头校准修正后的精度，不包括测试系统的失配误差。

稳定性：功率计的稳定性取决于功率探头的稳定性和指示器的零漂及噪声干扰。

响应时间：也称功率传感元件的时间常数。通常指功率指示器上升到稳定值的64%所需的时间。

探头的型号、阻抗：选用功率计探头时，功率探头的使用频率、功率范围必须与被测信号一致，探头传输线的结构和阻抗应与被测传输线相互匹配。

3. 功率计的使用

功率计由功率传感器和功率指示器两部分组成。功率传感器也称功率计探头，它把高频电信号通过能量转换变为可以直接检测的电信号。功率指示器包括信号放大、变换和显示器。显示器直接显示功率值。功率传感器和功率指示器之间用电缆连接。

为了适应不同频率、不同功率电平和不同传输线结构的需要，一台功率计要配若干个不同功能的功率计探头。

功率计的操作步骤：

① 将探头和主机通过电缆连接。

② 开机预热后将探头接到主机校准源，按校准键校准。

③ 校准结束后将探头取下,置入测试点频率进行测量。

使用功率计的注意事项有以下几点:
- 使用前要注意功率计和被测信号共地。
- 注意探头方向和量程的选择,勿将功率计本该接天线的端口接在设备的射频发射端,这样容易烧毁。
- 功率计测量前要注意利用校准源校准使用。
- 功率计时频率和被测频率应一致,当测量功率小于-50dBm时应在测试前校零点。

技能训练 4

1. 某部门将上个月生产的产品作出统计,总不合格数 414 个,其中不合格项目依次为下表所示(层别统计表):

顺位	不合格项目	不合格数(件)	占不合格总数比率(%)	累积比率(%)
1	破损	195	47.1	
2	变形	90	21.7	68.8
3	刮痕	65	15.8	84.6
4	尺寸不合格	45	10.9	95.5
5	其他	19	4.5	100
合计		414	100	

请根据以上的统计数据,绘制柏拉图。

2. 针对公司的品质问题,采用鱼骨图分析,并找出最主要原因。
3. 结合公司实际情况制作某一工序的记录用查检表或点检用查检表?
4. 结合公司的实际产品,设计一份出货检验报告。
5. 简述 OQC 的工作职责。
6. 简述 QC 七大手法各自的作用。

项目5

电子产品认证

【项目描述】
　　电子产品认证是保证产品质量的关键环节,也是必不可少的环节。国内 CCC 认证是强制性认证,本项目主要介绍 CCC 认证以及相关国际认证,介绍主要认证体系的主要作用、流程、方法等。另外着重介绍电磁兼容检测的技术内容和测试项目,其中包括:EMC 检测相关国际、国家标准及要求,电磁兼容检测的方法和步骤。

【学习目标】
(1) 掌握 CCC 认证的基础知识。
(2) 掌握 CCC 认证的核心内容、流程。
(3) 了解相关国际认证体系。
(4) 了解电磁兼容检测技术基础内容。

【能力目标】
(1) 能根据产品制定 CCC 认证流程。
(2) 能进行简单的 EMC 检测项目。

5.1 CCC 认证基本内容、流程

5.1.1 CCC 认证基本内容

1. 定义

　　CCC 英文名称"China Compulsory Certification"(中国强制性产品认证制度)的英文缩写,也是国家对强制性产品认证使用的统一标志。作为国家安全认证(CCEE)、进口安全质量许可制度(CCIB)、中国电磁兼容认证(EMC)三合一的"CCC"权威认证,是中国质检总局和国家认监委与国际接轨的一个先进标志,有着不可替代的重要性。它是中国政府按照世贸组织有关协议和国际通行规则,为保护广大消费者人身和动植物生命安全,保护环境、保护国家安全,依照法律法规实施的一种产品合格评定制度。

　　CCC 认证就是中国强制性产品认证的简称。对强制性产品认证的法律依据、实施强制

性产品认证的产品范围、强制性产品认证标志的使用、强制性产品认证的监督管理等作了统一的规定,主要内容概括起来有以下几个方面:

① 按照世贸有关协议和国际通行规则,国家依法对涉及人类健康安全、动植物生命安全和健康,以及环境保护和公共安全的产品实行统一的强制性产品认证制度。国家认证认可监督管理委员会统一负责国家强制性产品认证制度的管理和组织实施工作。

② 国家强制性产品认证制度的主要特点是,国家公布统一的目录,确定统一适用的国家标准、技术规则和实施程序,制定统一的标志,规定统一的收费标准。凡列入强制性产品认证目录内的产品,必须经国家指定的认证机构认证合格,取得相关证书并加施认证标志后,方能出厂、进口、销售和在经营服务场所使用。

③ 根据中国入世承诺和体现国民待遇的原则,原来两种制度覆盖的产品有138种,此次公布的《目录》删去了原来列入强制性认证管理的医用超声诊断和治疗设备等16种产品,增加了建筑用安全玻璃等10种产品,实际列入《目录》的强制性认证产品共有132种。

④ 国家对强制性产品认证使用统一的标志。新的国家强制性认证标志名称为"中国强制认证",英文名称为"China Compulsory Certification",英文缩写可简称为"3C"标志。中国强制认证标志实施以后,将取代原实行的"长城"标志和"CCIB"标志。

⑤ 国家统一确定强制性产品认证收费项目及标准。新的收费项目和收费标准的制定,将根据不以营利为目的和体现国民待遇的原则,综合考虑现行收费情况,并参照境外同类认证收费项目和收费标准。

⑥ 强制性产品认证制度于2002年8月1日起实施,有关认证机构正式开始受理申请。原有的产品安全认证制度和进口安全质量许可制度自2003年8月1日起废止。

2. 特点

国家公布统一的目录,确定统一适用的国家标准、技术规则和实施程序,制定统一的标志,规定统一的收费标准。凡列入强制性产品认证目录内的产品,必须经国家指定的认证机构认证合格,取得相关证书并加施认证标志后,方能出厂、进口、销售和在经营服务场所使用。目前,中国公布的首批必须通过强制性认证的产品共有十九大类132种,主要包括电线电缆、低压电器、信息技术设备、安全玻璃、消防产品、机动车辆轮胎、乳胶制品等。

3. 作用

3C标志一般贴在产品表面,或通过模压压在产品上,仔细看会发现多个小菱形的"CCC"暗记(见图5.1)。每个3C标志后面都有一个随机码,每个随机码都有对应的厂家及产品。认证标志发放管理中心在发放强制性产品认证标志时,已将该编码对应的产品输入计算机数据库中,消费者可通过国家质量认证中心进行编码查询。

图5.1 CCC认证标志

4. 意义

"3C"认证从2003年5月1日(后来推迟至8月1日)起全面实施,原有的产品安全认证和进口安全质量许可制度同期废止。目前已公布的强制性产品认证制度有《强制性产品认证管理规定》、《强制性产品认证标志管理办法》、《第一批实施强制性产品认证的产品目录》和《实施强制性产品认证有关问题的通知》。第一批列入强制性认证目录的产品包括电线电缆、开关、低压电器、电动工具、家用电器、音视频设备、信息设备、电信终端、机动车辆、医疗器械、安全防范设备等。已发布多项产品,除第一批目录外,还增加了油漆、陶瓷、汽车产品、玩具等产品。

3C认证主要是试图通过"统一目录,统一标准、技术法规、合格评定程序,统一认证标志,统一收费标准"等一揽子解决方案,彻底解决长期以来中国产品认证制度中出现的政出多门、重复评审、重复收费以及认证行为与执法行为不分的问题,并建立与国际规则相一致的技术法规、标准和合格评定程序,可促进贸易便利化和自由化。

5.1.2 CCC认证流程

1. 产品认证申请(认证程序的起始环节)

目前中国质量认证中心受理CCC认证申请是通过网络在线和书面两种方式(主要以网络在线为主)。在线申请(第一次)时需要在网站 www.cqc.com.cn 上注册用户,成为合法用户。注册时,需要详细填写用户信息,这样可以简化以后再次申请所填信息。注册成功后网络将自动提供申请人所需认证有关公开性文件、申请指南、其他资料信息。

① 凡生产CCC目录内产品的企业,应具有法人地位,并承诺在认证过程中承担应负的责任和义务,向认证机构提供申请。

② 认证机构对资料进行评审,向申证企业发出"认证收费通知"和"送样通知"。

③ 向检测机构下达测试任务。

④ 申证企业接到"送样通知"后,应及时按要求将样品及相关资料送交指定检测机构。

⑤ 申请费收费标准为500元/单元。

2. 产品型式试验(认证程序的核心环节)

① 接到样品后,检测机构将按申证产品所依据的标准及技术要求进行检测试验。

② 型式试验合格后,检测机构按规定的报告格式出具型式试验报告,并递交认证机构进行评定。

③ 型式试验时间一般为整机30个工作日(因产品不合格,企业进行整改和复测的时间不计算在内)。

④ 产品检测费按国家认监委国认证函(2002)111号文件执行。

3. 工厂质量保证能力检查(确保认证有效性的重要环节)

① 对初次申请认证的企业,认证机构在收到检测机构递交的产品试验合格结果的报告后,将向申证企业发出工厂检查通知,同时向认证机构工厂检查组下达工厂检查任务函。

② 检查人员根据《产品认证工厂质量保证能力》的要求对申证企业进行现场检查,并抽取一定的样品对检测结果的一致性进行核查。

③ 工厂检查合格后,检查组应按规定的报告格式出具工厂检查报告,递交认证机构进行审核评定。

④ 工厂审查后提交报告时间一般为5个工作日,以审核员完成现场审查,收到生产厂递交的不合格纠正措施报告之日起计算。

⑤ 工厂审查费收费标准为每个监督审核员每个工作日2500元(不包含监督审核员往返车旅费)。

4. 认证结果评定及批准认证证书

① 认证机构合格评定人员接到产品型式试验报告和工厂审查报告后,根据认证机构对

认证结果的评定要求做出评定。

② 认证机构领导将根据评定结果签发认证证书。

③ 认证结论评定、批准时间以及证书制作时间一般不超过 5 个工作日。

④ 批准与注册(含证书费)收费标准为每 800 元/单元。

5. 获证后的监督

① 认证机构对获证企业的监督每年不少于一次。

② 认证机构将按批准的认证监督计划向获证企业发出认证监督检查和年金收费通知,同时向监督检查组下达监督任务通知,获证企业应根据要求做好准备。

③ 认证机构合格评定人员对监督检查组递交的"监督检查报告"和检测机构递交的"抽样检测试验报告"进行评定,评定合格的获证企业可继续保持认证证书。

④ 监督复查费按不超过认证时的工厂审查费和产品检测费的各 25% 收取。

6. 费用的补充说明

① 单元的划分原则上是依据产品型号划分的。

② 年金标准为每张证书 100 元。

③ 认证标志费。

5.2 国际认证基本内容、流程

5.2.1 国际认证基本内容

1. CB

(1) 基本内容

CB 体系的正式名称是"Scheme of the IECEE for Mutual Recognition of Test Certificates for Electrical Equipment"-"IECEE 电工产品测试证书互认体系"。CB 体系的缩写名称意思是"Certification Bodies' Scheme"-"认证机构体系"。

CB 体系(电工产品合格测试与认证的 IEC 体系)是 IECEE 运作的一个国际体系,IECEE 各成员国认证机构以 IEC 标准为基础对电工产品安全性能进行测试,其测试结果即 CB 测试报告和 CB 测试证书在 IECEE 各成员国得到相互认可的体系。目的是为了减少由于必须满足不同国家认证或批准准则而产生的国际贸易壁垒。IECEE 是国际电工委员会电工产品合格测试与认证组织的简称。

(2) CB 认证发展

最初,CB 体系是由 CEE(前欧洲"电气设备合格测试国家委员会")发起的,并于 1985 年并入 IEC。IECEE CB 体系是电工产品安全测试报告互认的第一个真正的国际体系。各个国家的国家认证机构(NCB)之间形成多边协议,制造商可以凭借一个 NCB 颁发的 CB 测试证书获得 CB 体系的其他成员国的国家认证。

CB 体系基于国际 IEC 标准。如果一些成员国的国家标准还不能完全与 IEC 标准一致,也允许国家差异的存在,但应向其他成员公布。CB 体系利用 CB 测试证书来证实产品样品已经成功地通过了适当的测试,并符合相关的 IEC 要求和有关成员国的要求。

CB体系的主要目标是促进国际贸易，其手段是通过推动国家标准与国际标准的统一协调以及产品认证机构的合作，而使制造商更接近于理想的"一次测试，多处适用"的目标。

(3) CB认证流程

① 提交申请。目前中国质量认证中心受理CB认证申请是通过网络在线申请和书面申请两种方式。

申请人是CB认证证书的持有者，也是能承担法律责任的独立实体。申请人若委托代理人办理获得CB认证证书事宜，应向CQC提交授权/委托书。

在进行申请时可根据申请的情况来填写申请书：

- CB证书为英文版本，申请人在填写CB申请书时应注意英文信息的准确。当申请人同时申请CCC+CB或CQC+CB认证时，只要在CQC网络上选择CCC+CB或CQC+CB并填写CB申请补充信息后，即可同时提交两份申请书。填写申请信息中的申请人、制造商、生产厂名称时应填写法人名称。当申请人/制造商/生产厂中有任一地址所在地为非IECEE成员国时，申请人应对每份颁发的CB测试证书向IECEE交纳附加费。

- 在申请时应正确选择产品类别，当多个型号的产品可作为一个系列申请时，这些型号为同一个申请单元。在申请多功能产品时，确定产品的类别时应以产品的主要功能的检测标准来确定。

- 自2006年1月1日起，每张CB证书只能对应一个商标品牌，每个申请单元中只能包含一个商标品牌(Brand name)，如果产品具有多个商标品牌，应分别提交申请。申请人应确保这些商标已注册或经过商标持有人的授权。

- 同一个申请可以覆盖制造该产品的一个或多个工厂。如果申请包含多个工厂，申请人应填写每个工厂的地址，并且提交声明以保证来自不同工厂的产品都是相同的。

- 如果制造商实验室已经由CQC评审合格并签署了协议，申请人可以要求进行现场测试(TMP/WMT)，在申请附加信息栏目中(或书面的CB测试认证申请书)中注明申请进行现场测试及现场测试实验室名称。

- 申请人如果同意将证书内容作为公共信息发布在IECEE网站上，应在申请附加信息栏目中(或书面CB测试认证申请书)选择"同意"。选择"不同意"时，CB证书的内容将不会作为公共信息发布在IECEE网站上。

- 申请人对已获得的CB证书内容错误、申请人/制造商/生产厂的名称和地址进行改动，或对已获得CB证书的认证产品进行变更，应当填写CB认证变更申请书。对获证产品进行变更不得超过三次，三次以后的变更则应进行重新申请并颁发新CB证书。

对采用书面申请书进行的申请，中国质量认证中心(CQC)在收到申请人提交的CB书面申请书后，将相应申请信息(厂家+产品)录入到CQC网站上，并将用户名和密码告知申请人，然后将网上的电子版本的认证有关公开性文件、申请指南、其他资料信息等转化成纸面形式传真或其他媒质通知给申请人。

② 申请的受理。申请人填写完毕的申请书，根据产品的类别，就会被相应产品处室的认证工程师所受理，该申请就会被赋予一个唯一的申请编号，即表示中国质量认证中心正式受理该申请。申请人提交书面申请书时，在产品认证工程师受理后，会将新申请获得唯一的

申请编号通知申请人。从提交申请到获证全过程的申请流程信息包括以下内容：
- 申请认证所需提交的资料（申请人、生产厂、产品等相关资料）。
- 申请认证所需提供的检测样品型号和数量以及送交到的检测机构。
- 认证机构进行资料审查及单元划分工作时间。
- 样品检测依据的标准、预计的检测周期。
- 样品测试报告的合格评定及颁发 CB 证书的工作时间。
- 预计的认证费用，如申请费、批准与注册费、测试费（包括整机测试、随机安全零部件测试）等费用。

申请人在提交技术资料和样品时应注意以下几点：
- 在同一申请单元申请多个型号规格产品时，应提供各型号规格产品的差异说明，样机应是具有代表性型号，覆盖到全部的型号规格。
- 需要进行元器件随机试验时，除整机外还需提供元器件技术资料和样品。
- 实验室验收样机，样机验收合格后，申请人应索取"合格样品收样回执"以便确定试验周期；若样机不符合要求实验室将"样品问题报告"发给申请人。申请人整改后重新补充送样，验收合格后发给申请人"收样回执"。
- 认证工程师收到寄送的申请资料，经审核合格后，并获知样品已送到指定实验室后，向实验室下达检测任务。样机的检测周期进入到倒计时阶段。样机在进行检测过程中，若出现可整改的不合格项，实验室填写《产品检测整改通知》，描述不合格的事实，确定整改的时限，同时还向申请人发出"产品整改措施反馈表"，由申请人在落实整改措施后填写并返回检测机构。实验室对申请人提交的整改样品、相关文件资料和填写好的"产品整改措施反馈表"进行核查和确认，并对原不合格项目及相关项目进行复检。复检合格后检测机构继续进行检测。只有当全部不合格项整改合格，检测周期才重新开始计时。
- 申请人应及时登录网站 www.cqc.com.cn 以了解到申请的全部信息和进程。申请人应配合认证工程师的工作，及时提交所需的认证资料和样品。在申请过程中遇到问题时应和认证工程师联系。
- 以书面方式申请的，认证工程师也会将上述提到的信息转化成纸面形式传真或其他媒质通知到申请人。

2. CE 认证

(1) 基本内容

在过去，欧共体国家对进口和销售的产品要求各异，根据一国标准制造的商品到别国极可能不能允许 CE 认证的 logo 上市。作为消除贸易壁垒之努力的一部分，CE 认证应运而生。

CE 标志是产品进入欧盟国家及欧盟自由贸易协会国家市场的"通行证"。按任何规定生产的（新方法指令所涉及的）产品，无论是欧盟以外还是欧盟成员国生产的产品，要想在欧盟市场上自由流通，在投放欧盟市场前，都必须符合指令及相关协调标准的要求，并且加贴 CE 标志。这是欧盟法律对相关产品提出的一种强制性要求，为各国产品在欧洲市场进行贸易提供了统一的最低技术标准，简化了贸易程序。目前包括 24 条新方法指令涉及 CE 认证。

需要 CE 认证的国家包括所有欧洲经济区域的国家,具体指:
- 欧洲联盟,如法国、联邦德国、意大利、荷兰、比利时、卢森堡、英国、丹麦、爱尔兰、希腊、西班牙、葡萄牙、奥地利、瑞典和、芬兰、塞浦路斯、匈牙利、捷克、爱沙尼亚、拉脱维亚、立陶宛、马耳他、波兰、斯洛伐克和斯洛文尼亚等 25 个国家。
- 欧洲自由贸易协会成员,即瑞士、冰岛和挪威 3 个国家。

以下产品需要加贴 CE 标志:
- 电气类产品。
- 机械类产品。
- 玩具类产品。
- 无线电和电信终端设备。
- 冷藏、冷冻设备。
- 人身保护设备。
- 简单压力容器。
- 热水锅炉。
- 压力设备。
- 民用爆炸物。
- 游乐船。
- 建筑产品。
- 体外诊断医疗器械。
- 植入式医疗器械。
- 医疗电器设备。
- 升降设备。
- 燃气设备。
- 非自动衡器。
- 爆炸环境中使用的设备和保护系统。

(2) CE 认证流程

第一步:确定产品符合的指令和协调标准

超过 20 个指令覆盖的产品需要加贴 CE 标志。这些指令分别覆盖了不同范围的产品,并且指令中列举了所覆盖产品的基本要求。欧盟协调标准就是用来指导产品满足指令基本要求的详细技术文件。

第二步:确定产品应符合的详细要求

必须保证产品满足欧盟相关法律的基本要求。产品只有满足其所适用的所有协调标准的要求,才被视为符合相关的基本要求。是否适用协调标准完全是自愿的,也可以选择其他方式来满足相应的基本要求。

第三步:确定产品是否需要公告机构参与检验

产品所涉及的每一个指令都对是否需要由第三方公告机构来参与 CE 的审核有详细的规定。并不是所有产品都强制要求通过公告机构认证,所以确定是否真的需要公告机构参与是非常重要的。这些公告机构都是由欧盟委员会授权的,并在 NANDO(新方法指令公告机构及指定机构)的档案中有详细的清单。

第四步：测试产品并检验其符合性

制造商有责任对产品进行测试并且检查其是否符合欧盟法规（符合性评估流程），风险评估是评估流程中的基础规则，满足了欧盟相关协调标准的要求后，才有可能满足欧盟官方法规的基本要求。

第五步：起草并保存指令要求的技术文件

制造商必须根据产品所符合指令的要求及风险评估的需要，建立产品的技术文件（TCF）。如果相关授权部门要求，制造商须将技术文件及 EC 符合性声明一起提交检查。

第六步：在产品上加贴 CE 标志并做 EC 符合性声明（Declaration of Conformity）

CE 标志必须由制造商或其授权代表加贴在产品上。CE 标志必须按照其标准图样，清楚且永久地贴在产品或其铭牌上。如果公告机构参与了产品的认证，则 CE 标志必须带有公告机构的公告号。制造商有义务起草 EC 符合性声明，并在其上签字以证明产品满足 CE 要求。

经过以上六个步骤，贴有 CE 标志的产品就可以在欧洲市场顺利流通了。

第三方实验室，CE 认证流程第三方机构中介或测试认证机构颁发的符合性声明，CE 必须附有测试报告等技术资料，同时企业也要签署《符合性声明书》。第三方认证一般流程如下：

① 制造商相关实验室（以下简称实验室）提出口头或书面的初步申请。

② 申请人填写 CE-marking 申请表，然后将申请表、产品使用说明书和技术文件一并寄给实验室（必要时还要求申请公司提供一台样机）。

③ 实验室确定检验标准及检验项目并报价。

④ 申请人确认报价，并将样品和有关技术文件送至实验室。

⑤ 申请人提供技术文件。

⑥ 实验室向申请人发出收费通知，申请人根据收费通知要求支付认证费用。

⑦ 实验室进行产品测试及对技术文件进行审阅。

⑧ 技术文件审阅包括：

- 文件是否完善。
- 文件是否按欧共体官方语言（英语、德语或法语）书写。

⑨ 如果技术文件不完善或未使用规定语言，实验室将通知申请人改进。

⑩ 如果试验不合格，实验室将及时通知申请人，允许申请人对产品进行改进。如此，直到试验合格。申请人应对原申请中的技术资料进行更改，以便反映更改后的实际情况。

⑪ 实验室将向申请人发出补充收费通知。

⑫ 申请人根据补充收费通知要求支付整改费用。

⑬ 实验室向申请人提供测试报告或技术文件（TCF），以及 CE 符合证明（COC），及 CE 标志。

⑭ 申请人签署 CE 保证自我声明，并在产品上贴附 CE 标示。

认证周期视产品的复杂程度而定。

3. FCC 认证

（1）基本内容

FCC（Federal Communications Commission，美国联邦通信委员会）于 1934 年由

COMMUNICATION ACT 建立,该机构是美国政府的一个独立机构,直接对国会负责。FCC 通过控制无线电广播、电视、电信、卫星和电缆来协调国内和国际的通信。涉及美国 50 多个州、哥伦比亚以及美国所属地区为确保与生命财产有关的无线电和电线通信产品的安全性,FCC 的工程技术部(Office of Engineering and Technology)负责委员会的技术支持,同时负责设备认可方面的事务。许多无线电应用产品、通信产品和数字产品要进入美国市场,都要求获得 FCC 的认可。FCC 委员会调查和研究产品安全性的各个阶段以找出解决问题的最好方法,同时 FCC 也包括无线电装置、航空器的检测等。

根据美国联邦通信法规相关部分(CFR47 部分)中规定,凡进入美国的电子类产品都需要进行电磁兼容认证(一些有关条款特别规定的产品除外),其中比较常见的认证方式有三种:Certification、DoC、Verification。这三种产品的认证方式和程序有较大的差异,不同的产品可选择的认证方式在 FCC 中有相关的规定。其认证的严格程度递减。针对这三种认证,FCC 委员会对各试验室也有相关的要求。

美国已连续几年成为中国第二大贸易伙伴,中美贸易额呈逐年上升趋势,因此对美出口不容小觑。美国的产品技术标准、进口法规的严谨堪称世界第一,了解美国市场准入规则将会帮助中国产品进一步打开美国市场。

联邦通信委员会(FCC)负责管理进口和使用无线电频率装置,包括计算机、传真机、电子装置、无线电接收和传输设备、无线电遥控玩具、电话以及其他可能伤害人身安全的产品。这些产品如果想出口到美国,必须通过由政府授权的实验室根据 FCC 技术标准来进行的检测和批准。进口商和海关代理人要申报每个无线电频率装置符合 FCC 标准,即 FCC 许可证。

(2) 认证流程

① 符合性声明。产品负责方(制造商或进口商)将产品在 FCC 指定的合格检测机构对产品进行检测,做出检测报告,若产品符合 FCC 标准,则在产品上加贴相应标签,在用户使用手册中声明有关符合 FCC 标准规定,并保留检测报告以备 FCC 索要。

② 申请 ID。先申请一个 FRN,用来填写其他的表格。如果申请人是第一次申请 FCC ID,就需要申请一个永久性的 Grantee Code。在等待 FCC 批准分发给申请人 Grantee Code 的同时,申请人应抓紧时间将设备进行检测。待准备好所有 FCC 要求提交的材料并且检测报告已经完成时,FCC 应该已经批准了 Grantee Code(授权号码)。申请人用这个 Code、检测报告和要求的材料在网上完成 FCC Form 731 和 Form 159。FCC 收到 Form 159 和汇款后,就开始受理认证的申请。FCC 受理 ID 申请的平均时间为 60 天。受理结束时,FCC 会将 FCC ID 的 Original Grant 寄给申请人。申请人拿到证书后就可以出售或出口相应产品了。

FCC ID 的申请流程为:先申请一个 FRN,申请人是第一次申请 FCC ID 时需要申请一个永久性的 Grantee Code。需要准备的资料有 FCC ID Label(标签)、FCC ID Label Location(标签位置)、User Manual(说明书)申请商、Schematic Diagram(电气原理图)或制造商、Block Diagram(功能方块图)、Theory of Operation(动作原理)、Test Report(测试报告)、External Photos(外观照片)第三方、Internal Photos(内部照片)认证机构、Test Setup Photos(测试系统配置图)、资料审核。

除了常见的 CE 认证、FC 认证,UL 认证也具国际认证之一。

UL 是美国保险商实验室(Underwriter Laboratories Inc.)的简写。UL 安全试验所是美国最有权威的,也是世界上从事安全试验和鉴定的较大的民间机构。它是一个独立的、非营利的、为公共安全做试验的专业机构。它采用科学的测试方法来研究确定各种材料、装置、产品、设备、建筑等对生命、财产有无危害和危害的程度;确定、编写、发行相应的标准和有助于减少及防止造成生命财产受到损失的资料,同时开展实情调研业务。

UL 始建于 1894 年,初始阶段 UL 主在靠防火保险部门提供资金维持动作,直到 1916 年,UL 才完全自立。经过近百年的发展,UL 已成为具有世界知名度的认证机构,其自身具有一整套严密的组织管理体制、标准开发和产品认证程序。UL 由一个有安全专家、政府官员、消费者、教育界、公用事业、保险业及标准部门的代表组成的理事会管理,日常工作由总裁、副总裁处理。目前,UL 在美国本土有五个实验室,总部设在芝加哥北部的 Northbrook 镇,同时在中国台湾和中国香港分别设立了相应的实验室。2003 年 1 月 13 日 UL 在中国和中国权威的检验认证机构——中国检验认证(集团)有限公司(原中国进出口商品检验总公司,CCIC)注册,成立的全球第一家合资子公司成立 UL-CCIC,现总部设在上海,并在上海、广州、苏州、北京和重庆均设有分公司,苏州和广州为公司的主要测试基地。

UL 是一家产品安全测试和认证机构,也是美国产品安全标准的创始者。在一个多世纪的岁月里,UL 已对成百上千种产品和部件进行了相关的安全标准测试并按照国际标准评估其管理系统。

5.2.2 国际认证流程

UL 的产品认证、试验服务的种类主要可分为列名、认可和分级。

1. 列名(LISTED)

一般来讲,列名仅适用于完整的产品以及有资格人员在现场进行替换或安装的各种器件和装置,属于 UL 列名服务的各种产品包括:家用电器,医疗设备、计算机、商业设备以及在建筑物中作用的各类电器产品,如配电系统、保险丝、电线、开关和其他电气构件等。经 UL 列名的产品,通常可以在每个产品上标上 UL 的列名标志。

2. 认可(Recognized)

认可服务是 UL 服务中的一个项目,其鉴定的产品只能在 UL 列名、分级或其他认可产品上作为元器件、原材料使用。认可产品在结构上并不完整,或者在用途上有一定的限制以保证达到预期的安全性能。在大多数情况下,认可产品的跟踪服务都属于 R 类。属于 L 类的认可产品有电子线(AVLV2),加工线材(ZKLU2),线束(ZPFW2),铝线(DVVR2)和金属挠性管(DXUZ2)。认可产品要求带有认可标记。

3. 分级(Classification)

分级服务仅对产品的特定危害进行评价,或对执行 UL 标准以外的其他标准(包括国际上认可的标准,如 IEC 和 ISO 标准等)的产品进行评价。一般来说大多数分级产品并非消费者使用的产品,而是工业或商业上使用的产品。UL 标志中的分级标志表明了产品在经 UL 鉴定时有一定的限制条件和规定范围。例如对工业上用的溶剂这样的化学药品,只对其达到燃点温度时可能发生的火灾这一范围进行评价。某些产品的分级服务和列名服务相同,但一般只是对产品的某一方面或若干方面进行评价,如在美国,医用 X 射线诊断仪这类设备要全国遵守美国法律和有关辐射发射及束流精度的规定,但因为 UL 只把 X 射线作为分级产品，所以只评价它的机械性能、电气性能和其他的非辐射性能这些方面。

4. 多重列名、多重认可或多重分级服务

当一个 UL 的申请人在取得上述的列名、认可或分级服务后，其产品要以另一公司的名义生产以满足销售的需要，可以申请多重列名、多重认可或多重分级服务，在这种情况下，得到列名、认可或分级的制造商被允许使用产品名录里的另一个公司的名字，但该产品除公司代号、产品代号或 UL 公司认为可以接受的其他特征外，必须与原来列名、认可或分级产品一致。

5. "AL"列名、认可或分级服务

若 UL 申请人不想用自己公司的名义取得列名、认可或分级服务，他可以申请用另一个商号（通常是零售商或批发商）的名义申请列名、认可或分级，即"AL"列名、认可或分级服务。其与多重列名、多重认可或多重分级服务的区别在于其申请人不是列名人。

5.3 电磁兼容

EMC（电磁兼容性）的全称是 Electro Magnetic Compatibility，其定义为"设备和系统在其电磁环境中能正常工作且不对环境中任何事物构成不能承受的电磁骚扰的能力"，该定义包含两个方面的意思，首先，该设备应能在一定的电磁环境下正常工作，即该设备应具备一定的电磁抗扰度（EMS）；其次，该设备自身产生的电磁骚扰不能对其他电子产品产生过大的影响，即电磁骚扰（EMI）。

5.3.1 EMC 的基本内容

1. EMC 发展的基本状况

随着电气电子技术的发展，家用电器产品日益普及和电子化，广播电视、邮电通信和计算机网络的日益发达，电磁环境日益复杂和恶化，使得电气电子产品的电磁兼容性 EMC（电磁干扰 EMI 与电磁抗扰（EMS）问题也受到各国政府和生产企业的日益重视。电子、电器产品的电磁兼容性（EMC）是一项非常重要的质量指标，它不仅关系产品本身的工作可靠性和使用安全性，而且还可能影响到其他设备和系统的正常工作，关系电磁环境的保护问题。

电磁兼容作为一门学科在 20 世纪 60 年代开始有了较全面的发展，目前世界上发达的国家例如美国、欧共体国家、日本等已形成了一整套完整的电磁兼容体系，表现在以下几个方面。

① 具有完善的电磁兼容标准和规范。目前国际上有权威性的电磁兼容标准和从事 EMC 标准制订工作的专业委员会有以下几个。

- 国际电工委员会：CISPR 标准和 IEC 标准（TC77）。
- 欧共体：EN 标准（CENELEC）和 ETS 标准（ETSI）。
- 德国：VDE 标准。
- 美国：FCC 标准和军用标准 MIL-STD。
- 日本：VCCI 标准。

这些标准正在逐步走向国际统一。

② 具有有效地对军用和民用产品进行电磁兼容检测和管理的机构。
③ 具有高精度的电磁兼容自动测试系统。
④ 研制了很多关于电磁兼容预测、分析和设计的程序,有的已经商品化。
⑤ 用于电磁兼容控制技术的新材料、新工艺、新产品不断出现。

这个体系保证了产品从设计、制造、进入市场和使用的全过程都得到充分的控制,最终能实现整体的电磁兼容。IEC 及我国的 EMC 技术委员会如表 5.1 所示。

表 5.1 IEC 及我国的 EMC 技术委员会

IEC 的技术委员会	研究方向	我国相应的标准化技术委员会
IEC/CISPR	• ITE、TV 和 ISM 等的抗扰度 • 保护无线电业务的发射限值 • 侧重于高频发射,$f \geqslant 9\text{kHz}$	全国无线电干扰标准化技术委员会
IEC/TC77	• 保护电网的发射限值 • 基本和通用的抗扰度标准 • 侧重于低频发射,$f \leqslant 9\text{kHz}$	全国电磁兼容标准化技术委员会
ACEC(Advisory Committee on EMC)	• 协调各 TC 和其他组织的关系 • 为 IEC 管理委员会参谋 • 复查 EMC 标准 • 教育	全国电磁兼容标准协调小组
产品技术委员会	• 制定产品 EMC 标准	各产品标准化技术委员会

2. 电磁兼容与电磁干扰主要术语

带宽(Bandwidth):一个接收机响应信号的上升 3dB 点和下降 3dB 点之间的频率间隔。

共模(Common Mode,CM):存在于两根或多根导线中,流经所有导线的电流都是同极性的。

共模抑制比(Common-mode Rejection Ratio,CMRR):衡量运算放大器对共模电压抑制能力的参数。

耦合路径(Coupling Path):传导或辐射路径。干扰能量通过该路径从干扰源传输到被干扰对象。

串扰(串音)(Crosstalk):被干扰电缆上从邻近干扰源电缆耦合的电压与该邻近电缆上的电压之比。单位为分贝(dB)。

差模(Differential Mode,DM):干扰噪声流通路径的一种方式。

电磁兼容(Electromagnetic Compatibility,EMC):是一种条件,在此条件下一组中的几台设备互相不干扰也不干扰它们所处的环境。

电磁干扰(Electromagnetic Interference,EMI):与电磁兼容恰恰相反。

远场区(Far Field):即指信号源距测量点有 1/6 波长以上的辐射场,也称为平面波。

近场区(Near Field):在此辐射场中,与电磁干扰源的距离小于 1/6 波长的域。

灵敏度(Sensitivity):当模拟电路中的噪声为有限带宽白噪声时,当 $S=N$ 时对应的输入信号值。该值以下,电路没有响应信号输出,或其输出信号可忽略。

3. 电磁干扰的三个要素

要解决电磁干扰问题,基本上是对三个要素进行探讨,这三个要素是干扰源、传输途径和敏感设备,也就是常说的电磁兼容三要素,如图 5.2 所示。

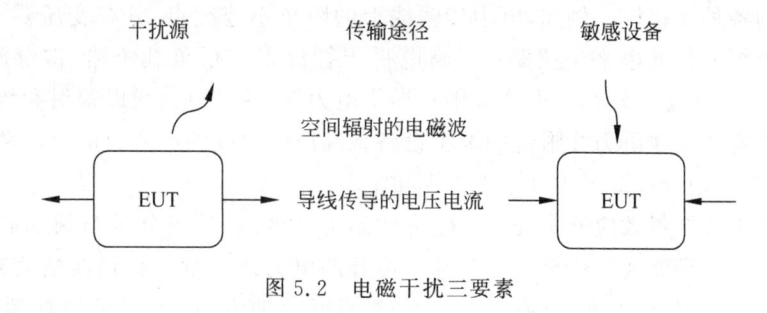

图 5.2 电磁干扰三要素

干扰源是干扰能量的出发点,敏感设备是干扰的最终作用点,它们两者之间的途径称为耦合(或干扰)途径。

(1) 电磁干扰源

电磁干扰源是产生电磁干扰的三大要素之一,通常把它分成若干类。按干扰源的来源可分为自然干扰源和人为干扰源;按电磁耦合途径可分为传导干扰源和辐射干扰源;按传输的频带可分为窄带干扰源和宽带干扰源;按干扰波型可分为连续波、周期脉冲波和非周期脉冲波。

干扰源(发射器)分人为干扰源和自然干扰源,任何电子电气设备都可能是人为干扰源。雷电、静电放电是自然干扰源。电磁干扰源是客观存在的,只有在影响了敏感设备的正常工作时才构成"干扰",也就是人们通俗所说的电磁干扰。电磁干扰源所产生的骚扰信号可分为无用信号与电磁噪声。无用信号指一些功能性信号,例如广播、电视、雷达、信息技术设备等,本身是有用信号,但干扰了其他设备的正常工作,所以对敏感设备而言是无用信号。电磁噪声是不带任何信息的电磁现象,例如雷电、静电放电;电气设备中电感负载切断时产生的瞬变脉冲噪声;接通负载时的冲击电流及开关触点的抖动产生的脉冲噪声等。

① 自然干扰源。自然干扰源主要有两类:大气干扰和宇宙干扰。

大气干扰主要由夏季本地雷电和冬季热带地区雷电产生。全世界平均每秒发生 100 次左右的雷电,雷电是一连串的干扰脉冲,它从极低频(ELF)到 50MHz 都有能量分布,主要能量分布在 100kHz 左右,高频分量随 $1/f^2$ 衰减。

除了雷电引起的大气干扰外,沙暴和尘暴也属于大气干扰的类型,带电尘粒与导体表面或介质表面相撞后,交换电荷形成电晕放电。

宇宙干扰包括太空背景噪声,太阳无线电噪声以及月亮、木星等发射的无线电噪声。太空背景噪声是由电离层和各种射线组成的,在 20~500MHz 的频率范围内,宇宙噪声的影响相当大。这些噪声会使航天飞行器产生一些随机失效或异常现象,还可能造成通信和遥测中断。

太阳无线电噪声随着太阳的活动,特别是黑子的发生而显著增加。另外,太阳雀斑也是太阳噪声源的重要形式。

② 人为干扰源。在一般情况下,人为电磁干扰源比自然干扰源发射的强度大,对电磁环境的影响严重。人为干扰源包括了一个很大范围的电子设备和系统,从我们熟悉的电视

接收机到尖端的通信系统。人为干扰可分为两类：一类是非功能性干扰源，如电源线、电力线、旋转机械、点火系统等；另一类是功能性干扰，如雷达、通信设施及辅助设备等。

电力线干扰源：电力线是潜在的辐射电磁干扰源，它的干扰通常是随机的，并包含低电平和高电平的各种干扰源。例如，电力传输线上的阻抗不连续点、分布变压器、开关和功率因素校正装置等就是低电平干扰源；而高电平干扰源则包括负载短路、雷电放电感应等。这些高、低电平干扰源将以脉冲形式的干扰馈入电力线，并经电力线以辐射和传导的方式传输到与电力线连接或在电力线附近的电子设备。高压电力线的电晕放电是一种准随机的高电平干扰源，它在雨天或潮湿天气中尤为严重。

电力线的干扰辐射效应通常局限在电力线附近的区域，辐射分量与频率成反比。电力线上的干扰可以传导方式传输至更远距离。传导的电力线干扰与传输线的衰减特性有关，并在低中频范围内尤为严重，只有在与干扰源邻近的地方，传导干扰的高频分量才较为突出。

③ 电源线传导干扰源。当许多设备共用一个电源时，相互之间是很容易干扰的，称之为电源线传导干扰，它与电力线干扰有一定的区别。例如，一台计算机和大功率设备共用电源时，当启动或关闭大功率设备时，会在电源线上产生尖峰脉冲，这种脉冲极可能使计算机出错甚至损坏。电源线本来一般只是输送50Hz交流电的，但是由于连接设备的电磁干扰，往往使电源线上的电流很不纯净。

④ 点火系统干扰源。发动机点火是最强的宽带干扰源之一。产生干扰最主要的原因仍是电流的突变和电弧现象。点火时产生波形前沿陡峭的火花电流脉冲群和电弧，火花电流峰值可达几千安培，并且具有振荡性质，振荡频率为20kHz～1MHz，其频谱包括基波及其谐波，一直延伸到X波段。点火系统噪声的干扰场强是与交通车辆频度有关的，车辆频度增加，噪声场强随之增加。

⑤ 功能干扰源。当系统中的一部分直接干扰另一部分的正常工作时，就产生功能干扰。在人为的电磁干扰源中，射频(RF)发射机是最常见和最典型的功能性干扰源。对发射机来讲，由于不能按设计产生、放大和调制纯净的工作频率，因而会产生电磁干扰。射频发射机和雷达的射频载波的产生和调制都是由非线性装置完成的。这是产生工作频率以外的频率分量的重要原因。谐波分量通常随发射机、振荡幅度和负载而增加。调制过程中的非线性也能产生非期望的频率分量，若没有足够的滤波衰减，这些分量会经天线辐射出来。

射频加热器就是射频发射机的一种典型应用。射频加热器主要有感应加热器和介质加热器。感应加热器主要用于锻造、淬火、焊接和退火等工艺，其基本频率是1kHz～1MHz；而介质加热器专用于塑料封装，其基本工作频率为13MHz～5.8GHz。这两种RF加热器大体上为窄带干扰源，但是谐波可高达9次以上。

RF加热器的功率虽然强大，但只要进行良好的EMC控制，其电磁干扰是不足为害的。例如，英国曾经对12个月内35434份关于干扰无线电通信的投诉书进行过粗略的调查。其中的143份是控告工业、科学和医疗设备的，11份是控告医学仪器的，66份是控告没有调到指定频率的RF装置，但没有一份是控告感应加热器或介质加热器的。

⑥ 其他人为干扰。除了上面谈到的人为干扰源外，还存在另外一些人为的干扰源。可以毫不夸张地说，随着科学技术的发展，每一个电子产品的问世，都可能成为新的人为干扰源。

现代医学中越来越多地使用电子仪器帮助医生做出诊断,所以医院内的各种电子仪器设备都是潜在的人为干扰源,电磁干扰的问题也就与日俱增。

荧光灯和气体放电管也是一种人为干扰源。它们产生的脉冲无线电噪声的特性类似于电力输电线噪声。它产生的干扰虽然不大,但在电磁屏蔽室这种环境下,还是不行的,所以,屏蔽室内应避免使用荧光灯照明,通常使用的是白炽灯。

随着人们生活水平的提高,微波炉已经进入城市居民的家庭,一般微波炉的工作频率为2450MHz,微波炉在设计时应尽可能保证最小的能量泄露,所以从微波炉中泄露出来的能量一般很小,国际标准规定泄露能量密度不得大于 $5mW/cm^2$,我国一些生产厂家的出厂技术要求控制在国际标准的 1/5 以下,对人体是没有什么危害的。当然,如果设计不好,或者炉门封不严,微波炉的泄露就是不可忽视的一个干扰源。

以上所述的人为干扰源,都是希望把电磁能只集中在工作的局部区域,但另外一种辐射源却相反,它的目的是有意将电磁能辐射到空间,在一定范围或一定方向上辐射规定的能量。这就是广播、电视、无线通信和雷达等发射机的工作目的。按照工作的目的不同,每一种发射机应该在一定距离和方向上只发射有用的频率。但实际上很难做到这一点,在发射有用频率的同时,总要附加一些寄生和谐波频率。这些寄生频率和谐波频率就会对其他设备产生电磁干扰。

(2) 电磁干扰的传输途径

电磁干扰传输途径与电磁能量的传输途径基本相同,通常分为两大类,即传导干扰和辐射干扰,通过导体传播的电磁干扰,叫传导干扰,其耦合途径有电耦合、磁耦合和电磁耦合。通过空间传播的干扰,叫辐射干扰,其耦合途径有近场感应耦合(近场磁感应和进场电感应)和远场感应耦合。系统间的辐射耦合主要是远场耦合,而系统内的辐射耦合主要是近场辐射耦合。此外还有辐射耦合与传导同时存在的复合干扰。

(3) 敏感设备

敏感设备是指当受到电磁骚扰源所发出的电磁能量的作用时,会受到伤害的人或其他生物,以及会发生电磁危害,导致性能降级或失效的器件、设备、分系统或系统。如接收机、电子仪器、电视、音响、导航仪器等。许多器件、设备、分系统或系统既是电磁干扰源,又是敏感设备。

4. 辐射概念

众所周知,电磁场以一定的速度传播,叫做电磁波。理论和实验证明:电场和磁场从源开始,可以在空间中传播很远,这种现象被称为电磁辐射。某点电磁场取决于该点到源的距离,在近场区域,主要是感应场。它的能量可以在电磁场和源之间转移,也可以在源和周围空间之间转移。在远场,主要是辐射场,空间传播的能量不能够转移反馈到源。

5.3.2 EMC 测试项目

1. EMI 主要测试项目

- 通信端子传导骚扰电压。
- 辐射骚扰场强。
- 骚扰功率。
- 谐波电流。

- 电压波动和闪烁。
- 喀呖声。
- 电源端骚扰电压。
- 天线端骚扰电压。
- RF 输出端有用信号和骚扰电压。

2. EMS 主要测试项目
- 静电放电 ESD。
- 射频电磁场辐射。
- 电快速瞬变脉冲群 EFT。
- 浪涌(冲击)。
- 射频电磁场感应的传导骚扰。
- 电压暂降、短时中断和电压变化。

3. 电磁兼容测量标准

国际上有多个标准化组织设计电磁兼容领域的研究,同时制定和发布有关电磁兼容测试标准。设计电磁兼容的国际标准化组织主要是国际电工委员会(IEC),其中,国际无线电干扰特别委员会(CISPR)和 IEC 第 77 技术委员会(IEC/TC77)是制定电磁兼容基础标准和产品标准的两大组织。我国的电磁兼容标准绝大多数采纳这类国际标准。

由 IEC/TC77、CISPR 和/或其他(区域)标准化组织制定的电磁兼容标准一般采用 IEC 的标准分类方法,把相关标准分为 3 类或 4 类:基础标准、通用标准、产品标准(又分为产品族标准和专用产品标准)。每类标准都分为发射和抗扰度两个方面。

(1) 基础标准

基础标准规定了达到电磁兼容性的一般和基本的条件或规则,与涉及电磁兼容问题的所有产品、系统或设施有关,并可适用于这些产品,但不规定产品的发射限值或抗扰度评判准则。基础标准是制定通用标准、产品标准的引用文件。

基础标准内容包括:术语、现象、环境特征、测量试验技术和方法、试验仪器和基本试验装置,也可以规定不同的试验等级以及相应的试验电平。基础标准,如:CISPR16 系列标准、IEC 61000-4 系列标准等。

(2) 通用标准

通用标准规定了一系列的标准化试验方法与要求、限值,并指出这些方法和要求所适用的环境。通用标准规定产品的发射限值或抗扰度评判准则。如果某种产品没有产品族标准或专用产品标准,则可以使用通用标准。通用标准必须参考基础标准,因为其不包含详细的测量试验方法和设备。必要时也可能包括一些附加信息,如选择某基础标准中所使用的某项测量试验方法。

通用标准将所适用的环境分为 A、B 两大类。

A 类指工业环境,包括工科医(ISM)射频设备所在的环境、频繁开关大的感性负载或容性负载的环境、大电流并伴有强磁场的环境。

A 类通用标准,如 IEC 61000-6-2/4。

B 类环境指居住、商业和轻工业环境,包括居住环境,如住宅、公寓等居住环境;商业环境,如商业零售网点、商业大楼、公共娱乐场所、户外场所(如加油站、停车场、体育场等)。

B类通用标准,如 IEC 61000-6-1/3。

(3) 产品族标准

产品族标准针对特定的产品类别,规定了专门的电磁兼容发射限值或抗扰度评判准则以及详细的测量试验程序。产品族标准比通用标准包含更多的特殊性和详细的性能要求以及产品运行条件等。该类标准应采用基础标准规定的测量试验方法,其发射限值或抗扰度评判准则必须与通用标准互相协调,如果存在偏差,应说明其必要性和合理性,必要时可增加测量试验项目。系列产品标准应比通用标准优先采用。

产品族是指一组类似的产品、系统或设施,对于它们可以采用相同的电磁兼容标准,例如,电信设备、音视频设备、信息技术设备等。产品族可以包括不同功能的产品,但必须具有某些共同的一般特性。产品族标准如 CISPR22《信息技术设备的无线电骚扰限值和测量方法》。

(4) 专用产品标准

专用产品标准(Dedicated Product Standards)是关于特定产品、系统或设施而制定的电磁兼容标准,根据这些产品特性必须考虑一些特殊的条件,其采用的规则和产品族标准相同。专用产品标准应该比产品族标准优先采用。

专用产品标准抗扰度要求必须考虑产品的专门功能特性,制定更精确的性能判定准则,所以专用产品标准与系列标准或通用标准有差异是合理的。由于产品族划分的范围可宽可窄,有时不一定能精确划分出产品族和专用产品的界限。

技能训练 5:EMC 测试项目案例

1. 电磁辐射干扰测试

(1) 辐射发射测试目的

因为 EMC 设计及 EMC 问题的分析是建立在 EMC 测试的基础上的,所以有必要对 EMC 测试做简单的阐述。测试电子、电气和机电设备及其部件的辐射发射,包括来自所有组件、电缆及连接线上的辐射发射。它用来鉴定其辐射是否符合标准的要求,以致在正常使用过程中影响同一环境中的其他设备。

(2) 常用的辐射发射测试设备

根据常用传导骚扰测试标准 CISPR16 及 EN55022 的要求,辐射发射测试主要需要以下设备:

- EMI 自动测试控制系统(电脑及其界面单元)。
- EMI 测试接收机。
- 各式天线(主动、被动棒状天线、大小形状环路天线、功率双锥天线、对数螺旋线、喇叭天线)及天线控制单元等。
- 半电波暗室或开阔场。

2. 辐射骚扰检测方法、过程

(1) 辐射测试标准限值

GB/T 13837—2003 声音和电视广播接收机及有关设备无线电干扰特性限值如表 5.2 所示。

表 5.2　3m 距离辐射骚扰限值

设备类型	干扰源	频率/MHz	限值(准峰值)/dB(μV/m)	
电视接收机、录像机和 PC 调谐卡	本振	≤1000 30～300 300～1000	基波 谐波 谐波	57 52 56
	其他	30～230 230～1000		40 47
卫星电视和声音接收机(不包括室外单元)红外遥控控制单元和红外耳机系统	其他	30～230 230～1000		40 47
FM 声音接收机和 PC 调谐卡	本振	≤1000 30～300 300～1000	基波 谐波 谐波	60 52 56
	其他	30～230 230～1000		40 47

注意：测量距离为 3m，根据设备类型的不同而不同。只有准峰值有限值要求。过渡频率处采用较低的限值。对于长波、中波和短波 AM 广播接收机未规定限值，测量值为场强值(dBμV/m)，对其他频率干扰源的要求。

直接到户卫星接收机调谐单元辐射功率限值如表 5.3 所示。

表 5.3　直接到户卫星接收机调谐单元辐射功率限值

设备类型	骚扰源	频率/GHz	限值(准峰值)/dBpW	
广播卫星传输的声音和电视接收机调谐单元	本振	1～3 1～3	基波 谐波	57 57

注意：适用于直接到户卫星接收机调谐单元和室外单元。采用峰值测量。测量值为功率值，dBpW。

GB/T 9254—2008(CISPR22：2006，IDT)信息技术设备的无线电骚扰限值，如表 5.4 所示。

表 5.4　1GHz 以下辐射骚扰限值

频段 MHz	测量距离 10m		测量距离 3m	
	A 级 ITEdBμV/m	B 级 ITEdBμV/m	A 级 ITEdBμV/m	B 级 ITEdBμV/m
30～230	40	30	50	40
230～1000	47	37	57	47

注意：
- 只有准峰值限值要求(dBμV/m)；
- 过渡频率处应采用较低的限值；
- 距离变化时，测量数据的归一化，应用 20dB/10 倍的反比因子；
- 距离变化时，限值的换算 L2dB+20lg(d1/d2)；
- 1GHz 以上辐射干扰限值如表 5.5 所示。

表 5.5　1GHz 以上辐射干扰限值

频段 MHz	A 级 ITE 平均值 dBμV/m	A 级 ITE 峰值 dBμV/m	B 级 ITE 平均值 dBμV/m	B 级 ITE 峰值 dBμV/m
1～3	56	76	50	70
3～6	60	80	54	74

注意：
- 测量距离 3m；
- 峰值和平均值限值要求（dBμV/m）；
- 过渡频率处应采用较低的限值；
- 距离变化时，测量数据的归一化和限值的换算。

由电弧或火花放电产生的干扰来自高压击穿事件，应采用平均值检波器测量，峰值限值不适用。

测量频率上限的选择如下：
- EUT 内部源的最高频率是指在 EUT 内部产生或使用的最高频率，或 EUT 工作或调谐的频率。
- 如果 EUT 内部源的最高频率低于 108MHz，则测量只进行到 1GHz。
- 如果 EUT 内部源的最高频率在（108～500）MHz 之间，则测量只进行到 2GHz。
- 如果 EUT 内部源的最高频率在 500MHz～1GHz 之间，则测量只进行到 5GHz。
- 如果 EUT 内部源的最高频率高于 1GHz 之间，则测量只进行到最高频率的 5 倍或 6GHz，取两者中的小者。

通常，我们用（80%/80%）来概括发射限值的含义，这是一个统计上的含义，即"在统计的基础上，大量生产的设备至少有 80% 符合限值的要求，置信度不低于 80%"。也就是说，被判定为合格的一批产品，并不意味着所有的发射都满足要求，只是 80% 的低于规定的限值，且置信度不低于 80%。

（2）测试方法

EUT 通过机壳、端口、线缆辐射出来的是电磁干扰。辐射干扰主要来源接收机的本振、中频和其他振荡频率的基波与谐波，以及内部电路的对外干扰。测量需要在具有专门设施的场地进行。试验场地应满足场地衰减要求。可以按照 GB/T9254 或 GB/T6113.1 规定的测量方法。测量距离的量度方法不同，天线额升降高度不同，电源线布置不同。

① 测量布置。EUT 应放在 0.8m 高的非金属桌上，可在水平面内 360°转动。天线中心、EUT 中心和场地长轴线在同一垂直面内。电源线以最短路径在同一平面内垂落地面，多余部分在插头端平行的往返折叠成 0.3～0.4m 的一束。由放在被测接收机下面地板上的信号发生器提供合适的测试信号，并用垂直部分尽可能短的电缆接到被测接收机天线端上。PC 调谐卡应安装在典型的宿主单元内进行试验，其天线输入端接无辐射的模拟负载。接收天线馈线的垂直部分与天线的水平距离应大于 1m，如图 5.3 和图 5.4 所示。

（3）测量程序

① 按要求进行试验布置和连接。

② EUT 正常工作并接受规定的试验信号。

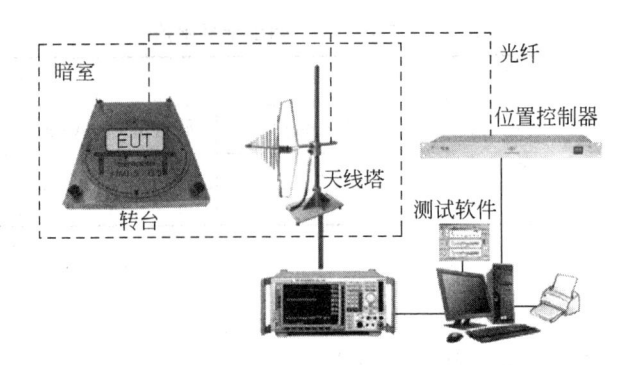

图 5.3　辐射场强测量

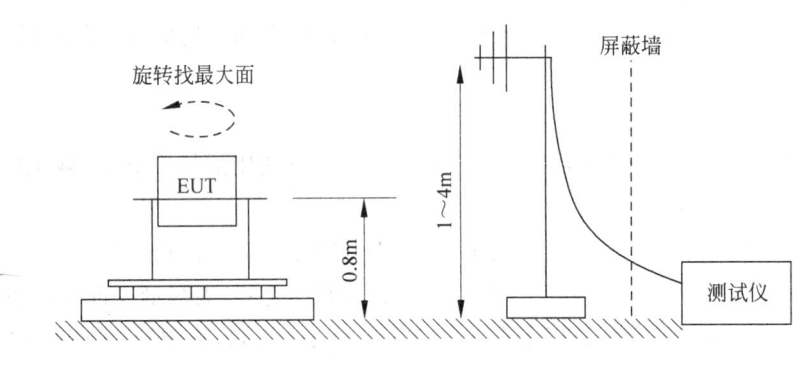

图 5.4　辐射场强测量布置

③ 依次在接收天线水平极化和垂直极化的情况下进行测量。

④ EUT 面向接收天线,使天线升降,找到最大干扰高度;旋转转台使 EUT 在 0～360°范围转动,寻找最大干扰高度;再次升降天线,找到最大干扰场强,记录测量数据(最大干扰电平、频率、天线高度和转台角度)。

⑤ 依次测出各频率点的辐射干扰场强的最大值。

⑥ 试验后数据分析(电缆损耗、天线系数)。

(4) 注意事项

① 测量距离的确认——EUT 中心到天线中心。

② 水平极化和垂直极化时的天线升降高度应不同。水平极化天线上下调节的距离 1～4m,垂直极化天线上下调节的距离 2～4m。

③ 电源线按规定缩短至适当的长度。

④ 试验信号的提供。

⑤ 用质量良好的同轴电缆直接馈入信号,电缆屏蔽层接地。

⑥ 对于只有机内天线而无外接天线的设备,通过垂直发射天线提供信号。

⑦ 完整的试验记录(极化方向、频道、频率、天线高度、转台角度、干扰电平)。

3. 辐射骚扰检测实例

(1) 样品:ADSL 用户端设备。

(2) 型号:TD-8820。

（3）商标：TP-LINK。

（4）试验时间、地点、条件。

试验时间：2010年12月25日。

试验地点：3m法电波暗室。

温　　度：15～35℃。

相对湿度：45～75(%RH)。

大气压：86～106kPa。

（5）测试数据，见表5.6。

表5.6　试验要求

试验要求
被测设备的分类依据： 　　依据标准 GB/T 9254—2008《信息技术设备的无线电骚扰限值和测量方法》要求，信息技术设备分为 A 级 ITE 和 B 级 ITE 两类。
辐射骚扰场强：

A级ITE限额值	
测量距离 10 m 频率：30～230MHz　准峰值：40 dB(μV/m) 频率：230～1000MHz　准峰值：47 dB(μV/m)	换算为 3 m 距离 频率：30～230MHz　准峰值：50 dB(μV/m) 频率：230～1000MHz　准峰值：57 dB(μV/m)

B级ITE限额值	
测量距离 10m 频率：30～230MHz　准峰值：30 dB(μV/m) 频率：230～1000MHz　准峰值：37 dB(μV/m)	换算为 3 m 距离 频率：30～230MHz　准峰值：40 dB(μV/m) 频率：230～1000MHz 准峰值：47 dB(μV/m)

注：在过渡频率处采用较低的限值。

试验布置照片如图5.5所示。辐射干扰场强如表5.7所示。

图5.5　试验布置照片

表 5.7　辐射骚扰场强

测试频率/MHz	转台角度/°	天线极化方向/(H/V)	天线高度/cm	准峰值测量值/dB(μV/m)	标准限值/dB(μV/m)
98.50	0	V	200	39.08	40
101.85	90	V	150	39.56	40
125.25	90	V	200	38.55	40
103.87	270	H	100	32.33	40
249.66	180	H	150	39.41	47
500.42	90	H	100	45.70	47

注：

① 在不影响试验结果判定的情况下，为了节省试验时间，可用峰值测量代替准峰值测量，一旦发生争议，则以准峰值测量结果为准。

② 在测量过程中通过改变天线高度（1~4m），天线极化方向（H/V），及天线相对于 EUT 的方位（在 0~360°旋转 EUT）以获得不同频率上的最大干扰场强指示值。

说明：辐射场强单位为 dBμV/m。ITE 等级：B 级。测试曲线如图 5.6 和图 5.7 所示。

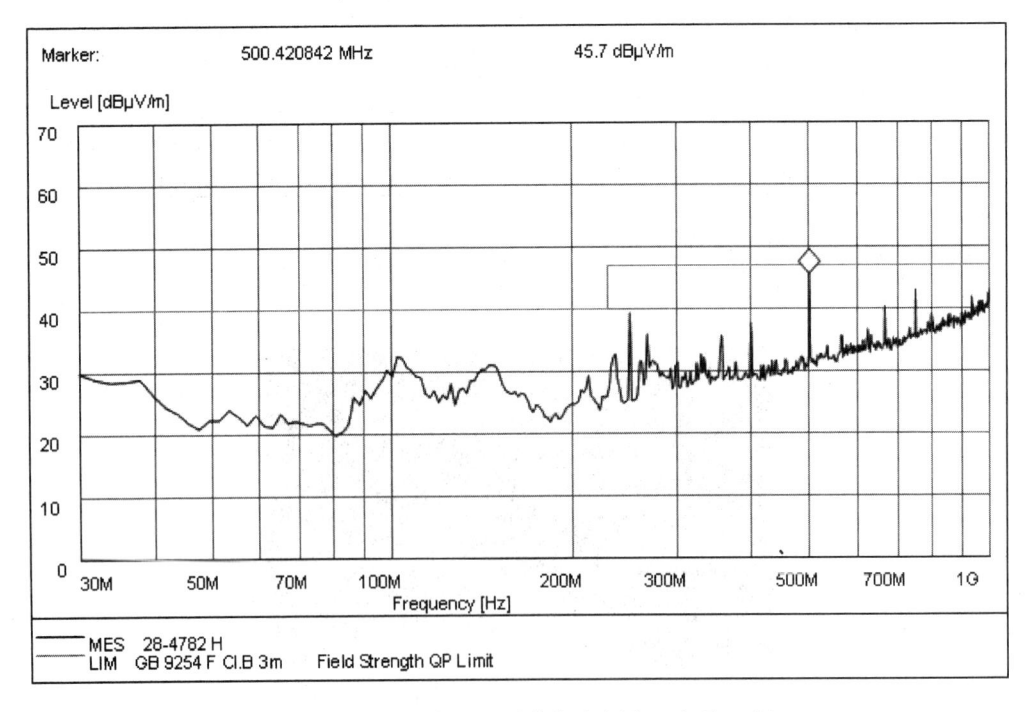

图 5.6　辐射干扰场强测试曲线示意图（H 级及 V 级）

（6）结论：被测样品符合 GB/T 9254—1998 辐射干扰场强（B 级）限值要求。

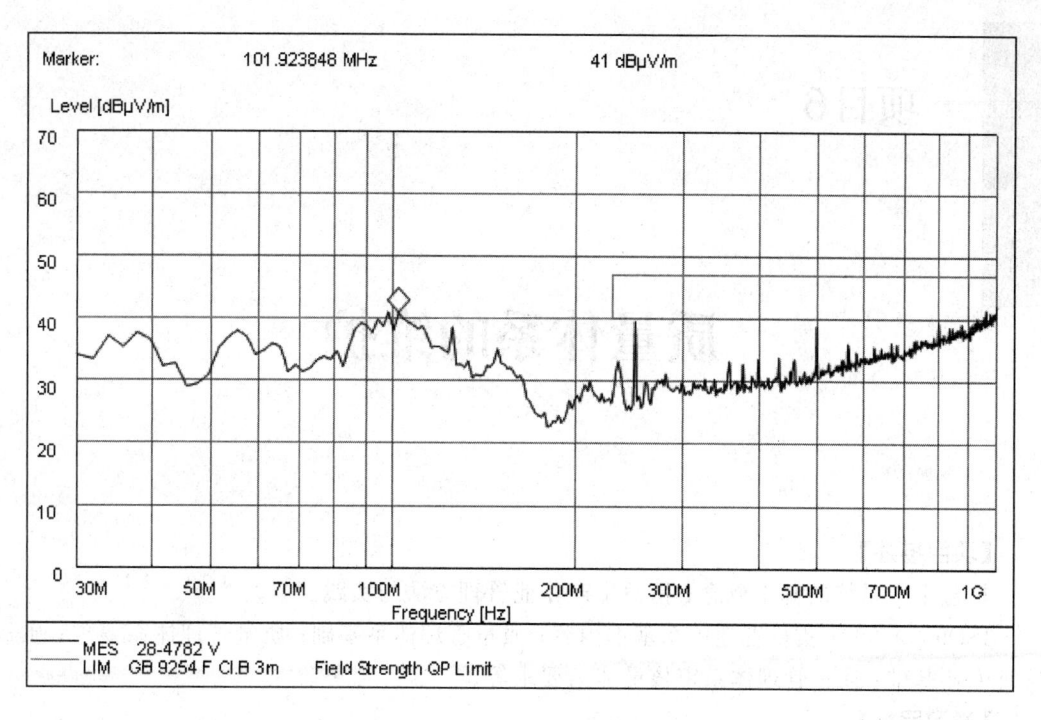

图 5.7　V 级曲线

练习题

1. CCC 认证体系的核心内容是什么？
2. 电子产品为什么要进行 CCC 认证？
3. 电磁兼容检测的目的是什么？
4. 如何判定 EUT 传导骚扰测试合格？
5. 传导骚扰测试的项目有哪些？具体限值是多少？
6. CCC 认证与电磁兼容检测的关系是什么？

项目6

质量体系的维护

【项目描述】

精益生产系统的基本概念;精益生产作业管理方法与实践。

ISO9000/9001质量管理体系基本内容;质量管理体系基础;质量管理体系要求;质量管理专业基础;质量管理体系审核员能力要求等。

【学习目标】

(1) 了解LP、TPS的基本概念。

(2) 掌握TPS具体事项。

(3) 熟悉产品质量管理体系。

(4) 掌握质量管理体系审核员所需要的能力要求。

【能力目标】

(1) 能根据TPS的基本概念,设计产品生产工艺流程。

(2) 能根据ISO9000/9001质量管理体系基本内容,制订电子产品的管理方法。

6.1 精益生产系统

6.1.1 精益生产基本概念

什么是精益生产?精益生产(Lean Production,LP)是一种从观念、环境、组织、流程到经营理念、管理目标等全新的企业制造模式、生产模式、管理模式。它是在日本丰田公司创造的"准时制生产(Just in Time,JIT)"的基础上发展起来的,是以最大限度地减少企业生产所占用的资源、减少企业管理和运营成本为主要目标的生产方式。"精"可以理解为"消肿、精细",精益生产就像一剂治疗制造企业"臃肿、肥胖"的良药,使得企业能更灵活、更迅速的响应市场需求创造出超客户价值的产品。

什么是精益生产系统?精益生产系统(Lean Production System,TPS)是日本丰田汽车公司所创造的一套进行生产管理的方式、方法,以消除浪费、降低成本为目的,以准时化(JIT)和自动化为支柱,以改善活动为基础,又称丰田生产方式,我国称为精益生产。

精益生产系统的目标管理,强调8个零管理:零缺陷、零库存、零交货期、零故障、零(无)纸文件、零事故、零废料、零人力资源浪费。

精益管理的一个主要思想就是在保持稳定质量的同时,使生产能及时反映市场的变化,并在逐步改善提高的基础上,最大限度地降低成本。而这种指导思想反映在丰田的发展战略上,就表现为不盲目地进行扩张,或步其他企业的后尘匆匆进入某一市场,而是稳扎稳打,在充分了解市场和建立起自己完整的供应体系或竞争力后,再当机立断地进入海外市场,无论是进入美国市场,还是后来进入亚洲,包括中国市场,都表现为这一特点。当然,丰田公司独特的经营管理意识不仅反映在它的发展战略上,更反映在它的日常管理上,为全面揭示丰田的管理艺术,特别是以JIT为重要内容的TSP,下面从4个方面来介绍她的现场作业管理,从中可以让我们对它的JIT有着更深入的了解。

6.1.2 精益生产作业管理

1. 精益生产实施步骤

(1) 选择要改进的关键流程

精益生产方式不是一蹴而就的,它强调持续的改进。首先应该选择关键的流程,力争把它建立成一条样板线。

(2) 画出价值流程图

价值流程图是一种用来描述物流和信息流的方法。在绘制完目前状态的价值流程图后,可以描绘出一个精益远景图(Future Lean Vision)。在这个过程中,更多的图标用来表示连续的流程、各种类型的拉动系统、均衡生产以及缩短工装更换时间,生产周期被细分为增值时间和非增值时间。

(3) 开展持续改进研讨会

精益远景图必须付诸实施,否则规划得再巧妙的图表也只是废纸一张。实施计划中包括什么(What),什么时候(When)和谁来负责(Who),并且在实施过程中设立评审节点。这样,全体员工都参与到全员生产性维护系统中。在价值流程图、精益远景图的指导下,流程上的各个独立的改善项目被赋予了新的意义,使员工十分明确实施该项目的意义。持续改进生产流程的方法主要有以下几种:消除质量检测环节和返工现象;消除零件不必要的移动;消灭库存;合理安排生产计划;减少生产准备时间;消除停机时间;提高劳动利用率。

(4) 营造企业文化

虽然在车间现场发生的显著改进,能引发随后一系列企业文化变革,但是如果想当然地认为由于车间平面布置和生产操作方式上的改进,就能自动建立和推进积极的文化改变,这显然是不现实的。文化的变革要比生产现场的改进难度更大,两者都是必须完成并且是相辅相成的。许多项目的实施经验证明,项目成功的关键是公司领导要身体力行地把生产方式的改善和企业文化的演变结合起来。

传统企业向精益化生产方向转变,不是单纯地采用相应的公告栏(又称看板)工具及先进的生产管理技术就可以完成,而必须使全体员工的理念发生改变。精益化生产之所以产生于日本,而不是诞生在美国,其原因也正因为两国的企业文化有相当大的不同。

(5) 推广到整个企业

精益生产利用各种工业工程技术来消除浪费,着眼于整个生产流程,而不只是个别或几个工序。所以,样板线的成功要推广到整个企业,使操作工序缩短,推动式生产系统被以顾客为导向的拉动式生产系统所替代。

总而言之,精益生产是一个永无止境的精益求精的过程,它致力于改进生产流程和流程中的每一道工序,尽最大可能消除价值链中一切不能增加价值的活动,提高劳动利用率,消灭浪费,按照顾客订单生产的同时也最大限度地降低库存。

由传统企业向精益企业的转变不可能一蹴而就,需要付出一定的代价,并且有时候还可能出现意想不到的问题。但是,企业只要坚定不移走精益之路,大多数在6个月内,有的甚至还不到3个月,就可以收回全部改造成本,并且享受精益生产带来的好处。

2. 精益生产实施方法实例

(1) 员工的工作方式

精益生产的管理思想认为,要想实现及时化、质量稳定的生产,就必须从作业活动的细微之处抓起,把所有的工作分化为一个一个相互衔接的流程,并规定好各流程的作业内容、所处的位置、作业时间和作业绩效。

例如,某电视机生产厂,在电视机后盖的安装活动上,螺丝的安装都是以同样的顺序进行,安装的时间也是规定好的,甚至连上螺丝的扭矩也被规定得清清楚楚。这种精确的管理方法不仅仅运用在重复性的生产活动中,同时也被运用在企业的所有活动中,无论是职能型的活动,还是管理活动也都如此。这一管理方法表面上看起来非常简单,但事实上并不是所有的企业都能做到。

以生产电视机的工厂中组装电视机后盖为例,操作人员被要求从螺丝专用盒中取出4颗螺丝,然后安装在电视机上,拧紧,然后在计算机中输入一个代码,以表明整个作业已经无暇疵地完成,再等待下一台电视机后盖的安装。新手往往由经验丰富的老工人手把手地教,当新手遇到任何困难和问题时,如没有拧紧螺丝或忘记输入代码时,老工人就会立刻帮助他们。上述管理现象看上去并不十分复杂,但事实上并不这么简单。如果作业现场存在大量新手时,往往会比经验丰富的工人表现出更多的作业差异性,从而使得质量变得不稳定,如有的操作员可能先安装上面的螺丝,再安装下面的螺丝,而有的可能正好相反;有的先安装好全部螺丝后再拧紧,而有的边上螺丝边拧紧,这种作业上的差异性必然会产生低生产率和高成本,而且更为重要的是,作业上的差异性必然阻碍相互的学习和改善。为了防止这种状况出现,精益生产实施方法中制定了精细、完善的流程和步骤,所有员工无论新手还是经验丰富的员工都必须遵守,并且任何偏离行为也能够及时被发现。

例如,电视机内部三块功能电路板的安装被分解为7道工序,被安装电视机在流水线上均速、顺序地通过操作人员,整个工序的时间为55秒。如果一个工人在第4道工序(安装电源电路板螺丝)之前去做第6道工序(安装信号处理电路板螺丝),或者40秒之后还在从事第4道工序作业(一般第4道工序要求在31秒完成),这说明这个工人的作业违背了规定。为了能及时发现这种状况并加以纠正,精益生产方法精确计算了流水线通过每道工序的时间和长度,并按通过的时间和长度在作业现场标上不同颜色的作业区,如果工人在超过的作业区仍然实施上一道工序的工作,则检测人员就能够很容易地发现,并及时加以纠正,防止员工再出错。除了生产作业外,其他管理工作(如人员培训、建立新模型、更替生产线、设备迁移等)也都是按这种方法进行的,像设备迁移(即将设备从一个地方搬运、安装到另一个地方)被分解为14个活动,每个活动的内容、时间、顺序也都是规定好的。

值得指出的是，精益生产的这种管理方法与传统泰勒制[①]的管理有本质区别，后者是一种由上而下的作业管理方法，不重视基层作业人员的主动性和积极性，管理上具有僵直性。而精益生产管理方法则不同，它是一种由下而上的管理，各项作业流程的规定、实施和监督都是由现场作业人员通过相互讨论、学习而形成的，因此，具有管理上的柔性。这样不仅确保了作业人员的积极性，而且比泰勒制管理更能够及时发现问题、解决问题，这也正是JIT的核心要素。具体讲，在制定各项流程时，管理者不是硬性制定制度，而只是向大家提出问题，要求大家对各种问题进行探讨和寻找解决的方法，通常这些问题是：这项工作该如何做？如何知道你在做正确的事？你怎样知道产出没有任何瑕疵？有了问题该如何处理？显然，这些问题能促使每一位员工深入思考他所面对的工作，并通过学习将之完善。

(2) 员工的工作沟通和连接

① 工作的沟通。在人际沟通与联系方面，精益生产的管理观念强调的是，任何沟通与连接必须是规范、直接的。

首先在规范性要求方面，无论是人员、产品与服务的形式、数量、每个顾客所要求的具体条件以及提供的时间、地点等等都无一例外地要求明确，这样在供应商与顾客之间、各流程之间就不会存在灰色地带。

例如，当一个工人需要某种零件时，供应商交付的时间都必须是确定的；同样，当某个流程需要帮助时，必须明了谁将提供这种帮助、该如何帮助以及以什么样的形式进行等。这里的关键是如何防止人们在交互式行为时所表现出来的行为上的差异性，仍然以电视机组装为例，当作业人员需要新的一盒螺丝时，他将以卡片的形式向供应商提出要货请求，这种薄板状的卡片上标明有零件的代码和数量，以及供应商的地址和作业人员的姓名，在精益生产实施方法中，卡片和其他设施如指示灯起到了连接供应商和顾客的纽带作用。通过这种连接手段，任何零部件都是在必要的时间、以必要的数量传递给特定的作业人员。不仅如此，甚至作业小组的成员数都是按照预期问题发生的状况、需要支持的程度以及团队领导者所需要的技能和能力来决定的。

② 工作的连接。精益生产在流程连接的管理上，还有一个重要的特点，即非常强调连接的直接性。在传统的企业中，作业现场向供应方提出要货请求往往要经过一个媒介，即通过管理监督人员来执行，而这必然带来时间上的延误和责任的模糊，精益生产方式认为这种管理方式所产生的结果是每个人对问题的解决相互推诿，没有一个人承担责任。因此，TSP规定任何请求都必须在规定的时间内解决问题。一般来讲，当作业人员遇到问题需要帮助时，指定的助手必须立即响应，并在一个作业周期内解决问题。例如，如果一个工人安装电路板需要55秒钟，那么，对于操作人员问题的回复和解决也必须在55秒内完成，假如55秒内没有能解决上述问题，则说明在顾客和供应之间的连接上存在着不完善的地方，例如发出的信号模糊不清、指定的助手忙不过来，或者缺乏解决问题的能力等，通过对这些问题的再解决，不断促使流程的规范化和柔性化。

(3) 生产线该如何构建

例如：在某电视机厂，所有生产线的构筑都必须保证产品或服务能沿着简单、特定的线路流动，流程不能随意变动，除非整个生产线需要重新设计，原则上产品流程不能有更改、交

---

① 泰勒制是一种工业管理方法。泰勒制可以使作业标准化、规范化，可以提高生产效率，泰勒制也叫科学管理。

叉、回流等各种现象。仍以电视机组装生产线工人的工作为例,当需要更多的螺丝时,他向负责提供螺丝的物料供应人员要货,该供应人员再向特定的螺丝工厂订货,与此同时,生产螺丝工厂再将要货请求告知工厂的运输部门。像这样整个流水线有机地联系到了一起,从螺丝工厂,经过运输部门到电视机生产厂形成了一个完整的供应链。

这种管理的关键是整个生产流水线都是明确规定好的。无论是设备、作业方法、环节,还是人员都是如此,所以,如果由于某种原因造成特定的人员或特定的设备不能及时到位,则电视机厂就认为流程出现了问题,需要重新设计。

还有一个值得指出的问题是,尽管每个产品都是沿着预先设计的流程和工艺进行生产的,但是这并不意味着每个生产流程只生产一种产品。相反,精益生产的整个流程非常注重生产的柔性化,可以说,它要比其他任何企业都能使生产线适应多种规格产品的生产。除了生产流程外,精益生产的服务流程设计也是如此。例如现场操作人员需要帮助时,就会有特定的人员予以支援,如果该人员仍然不能实现支持或他本身需要进一步支持时,又有一个指定的人员会出现在现场,就这样,整个服务流程从基层操作人员到管理人员都是预先设计好的,不允许服务流程出现中断。

(4) 如何改进

任何管理系统或作业流程都是不断完善、进步和提高的。

但是发现问题只是提高效率的第一步,只有真正的计划和实行才能使这种愿望转化为现实,这就涉及到如何去改变、谁来负责这种变革等问题。精益生产在这方面会明确地告知执行者如何去做,而不是希望他们通过个人的经验去实施提高,换句话说,任何生产行为或流程的改变都必须在一个指导者的指导下,从基层开始,按照科学的办法来进行。

① 人们是如何有意识地去改善的。为了清晰、明了地探析精益生产是如何促使人们意识去改善生产和作业流程的,这里以某一集团公司中的一个企业——某电阻厂为例来加以说明。

某电阻厂主要为电视机厂生产提供大量的诸如精密电路中的精密电阻元器件,为此,该电阻厂建立了一条新型精密电阻生产线,以充分地提高劳动生产率,实施以后效果显著,生产品种规格从原来的 20 种增加到 85 种,生产能力从原来每天生产 16000 个增加到 55000 个,生产效率提高了 1 倍,他们之所以能取得这样的效果,是与他们积极、有效的指导员工如何改善作业大有关系。原来每个员工只对他们自己的标准化作业负责,并不赋予解决问题的职责。此后,公司专门派了一个指导员来指导员工的工作,告诉他们如何运用科学的办法来改善作业流程。

例如,有这样一个场景,在这工厂中有一个工作小组正在从事合理化的流程再造,以缩短特定生产线的前置时间,工作小组首先向电视机厂供应商支持中心(TSSC)的主任描述他们是采取哪些步骤生产出产品的,并发现了在进行零部件转换生产时会有什么问题,他们的针对性解决方案是什么,其结果是原来的 15 分钟的转换时间,缩短到了 7 分半钟,比目标值 5 分钟仅仅多了 2 分半钟。但是,TSSC 的主任却提出为什么原来 5 分钟的目标不能实现,对此,工作小组的成员感到不理解,因为在他们的努力下,前置时间整整缩短了一半。事实上,TSSC 主任的问题是在提醒工作小组在合理化的过程中会不会存在忽视和遗漏的问题,从而放弃了更多、更大的改善。对 TSSC 主任的问题,工作小组的人员提出了各种各样的理由,如机器的复杂性、技术困难以及设备升级的成本问题等,对于这些理由,TSSC 的主任又反问了很多问题,从而促使工作小组去深入思考那些他们认为既定事实、不可更改的观念和做法,例如:螺丝是不是一定要四个?可不可能存在两条线的同时转换?生产线转换中的各种步骤是不是一定有必要?有些流程是不是能压缩或消除?显然,TSSC 主任的问题并不是指工作小组的努力是失败的,而是提醒他们可能没有充分、深入地考虑各种问题和假设,并且说明预期目标没能实现有可能存在还没有完全规范化、模糊的地方。

② 谁负责改善。在谁负责改善这个问题上,TSP 将责任明确到人,一般一线工人对他们自身的工作负有不断改进的责任,与此同时,监督者为他们提供帮助和指导。如果有时在业务流程上出现了差错,则在指导者的帮助下共同解决问题。当在大规模范围内开展变更时,TSP 保证建立一个改善小组,该小组包含所有与流程操作和管理相关的人员。

例如,在电视机工厂,工厂的主管负责将生产线从 3 条削减为 2 条,他不仅仅是为这种变革提供政策和指导性的意见,同时必须监督和保证从支线到最后总装线所有流程的顺利运转,所以,业务流程的改善是一个贯穿企业上下的工作,这样不仅改善的工作是彻底有效的,同时每个人都可以通过这种改善过程相互学习,不断提高自身的问题解决能力。当然,在促使企业全体人员从事改善的行为时,TSP 非常注重每个人的改进目标必须是明确、清晰的。

总体上看,任何流程的改善所要达到的理想目标是:
① 无差错。
② 能在要求的时间传递。
③ 能适应各种要求,根据需求供应。
④ 能及时传送。
⑤ 能在没有任何原材料、人力、能源和其他资源浪费的基础上生产。
⑥ 能在一个舒适的物质、情感和作业环境中工作。
⑦ 精益生产方式由四个部分构成
- A:理念、方针、目标、计划。
- B:体系、系统、规划。
- C:技术、技能、实践。
- D:道德、人才。

到底精益生产方式的精髓是什么?它是一种以客户需求为拉动,以消灭浪费和不断改善为核心,使企业以最少的投入获取成本和运作效益显著改善的一种全新的生产管理模式。

它的特点是强调客户对时间和价值的要求,以科学合理的制造体系来组织为客户带来增值的生产活动,缩短生产周期,从而显著提高企业适应市场万变的能力。

更通俗易懂的解释就是"让每一个到夜市的人都能吃到热的、新鲜的食物;能让顾客等两分钟的决不让他等三分钟;不生产任何卖不出去的食物;用今天赚的钱采购明天需要的原料;时刻注意食客口味的变化并及时改进"。

20 世纪初美国工程师 F.W. 泰勒在传统管理基础上首创了一种新的企业管理制度。他和许多企业管理工作者共同创造的一系列新管理方法和理论,曾被当时许多资本主义国家企业所采用,被称为科学管理。

其发展背景是美国在南北战争后奴隶制消亡,西部资源得到开发,工业迅速发展,企业日趋扩大,小生产的传统管理方式已不能适应当时经济、社会和生产技术发展的客观需要。泰勒等针对当时的客观变化,对工厂、车间、作坊进行了一系列调查和实验,寻求新的管理方法,以提高企业的生产效率。他根据多年的研究和实验,在 1911 年发表了《科学管理原理》一书,阐述科学管理的基本原理和方法,对当时资本主义企业管理产生了巨大影响。

内容和方法泰勒制的主要内容和方法包括劳动方法标准化、制定标准时间、实行有差别的计件工资、挑选和培训工人、管理和执行分工。

① 劳动方法标准化:通过对动作的分析仔细研究工人的操作顺序和方法,以求找出最合理的肢体运动路线和加工方法以及应用的工具,剔除多余和不合理的动作。在大量分析的基础上,制定标准操作规范和程序并普遍推行。泰勒从铲料试验中发现工人每锹铲起 21 磅重的物料,效率最高,于是制造了大小不同类型的铁锹,以适应各种比重不同物料的铲装,使工人每锹都能铲起 21 磅重的物料。又如,通过对金属切削加工的大量观测和分析,提出了完成全部工序的每个工步、操作动作、刀具选用和切削用量,并依此制定了操作标准和切削规范。

② 制定标准时间:泰勒研究了操作时间。他挑选技术熟练的强壮工人,要求他们紧张地操作,同时用几分之一秒的时间为单位,记录每道工序、每个动作所需要的时间,加上适当的休息、调整、熟悉操作过程等额外时间,经过周密分析,制定出完成每个标准动作所需要的标准时间,作为定额管理和支付工资的依据。

③ 实行有差别的计件工资:对按操作标准和工时定额完成计划工作量的工人,以较高的工资率支付工资,对不能完成生产定额的工人,以较低的工资率支付工资,以鼓励工人提高生产效率。

④ 挑选和培训工人:严格挑选工人,使他能胜任所承担的工作。对选定的工人采取课堂教育和现场操作相结合的方式,按规定的操作标准进行技术培训,改变师傅带徒弟的传统做法。

⑤ 管理和执行分工:泰勒主张一切工作都应通过考察,明确职责分工。他对管理人员和工人的工作进行了研究,明确划分管理职能和执行职能,并建立生产控制、成本计算和质量控制的基本制度。

在泰勒制的发展过程中,美国 H. L. 甘特创造了横线指示图表,提高了计划编制和生产控制技术。F. B. 吉尔布雷思夫妇发展了动作研究的理论和方法。H. 福特首先在汽车制造工业中运用流水生产线。法国 H. 法约尔对管理进行了职能划分,同时提出一系列管理原则。他们对泰勒制的发展和企业管理工作向系统化发展都作出了重要的贡献。

6.2 质量管理体系基础

6.2.1 质量管理体系基本内容

1. 定义

质量管理体系(Quality Management System,QMS) ISO9001:2005 标准定义为"在质量方面指挥和控制组织的管理体系",通常包括制定质量方针、目标以及质量策划、质量控制、质量保证和质量改进等活动。实现质量管理的方针目标,有效地开展各项质量管理活动,必须建立相应的管理体系,这个体系就叫质量管理体系。

(1) 质量管理的发展过程

质量管理经历了传统质量管理阶段、质量检验管理阶段、统计质量管理阶段、现代质量管理阶段四个阶段。

① 传统质量管理阶段。这个阶段从开始出现质量管理一直到19世纪末资本主义的工厂逐步取代分散经营的家庭手工业作坊为止。

② 质量检验管理阶段。资产阶级工业革命成功之后,机器工业生产取代了手工作坊式生产,劳动者集中到一个工厂内共同进行批量生产劳动,于是产生了企业管理和质量检验管理。

③ 统计质量管理阶段。我国在工业产品质量检验管理中,一直沿用了苏联20世纪40～60年代使用的百分比抽样方法,直到80年代初,我国计数抽样检查标准制定贯彻后,才逐步跨入第三个质量管理阶段——统计质量管理阶段。

④ 现代质量管理阶段。20世纪60年代,社会生产力迅速发展,科学技术日新月异,质量管理上也出现了很多新情况。

(2) 质量管理体系基础

① 帮助组织增强顾客满意,是质量管理体系的目的之一。
② 说明顾客对组织的重要性。
③ 提供持续改进的框架,增加顾客和其他相关方对组织及其所提供产品的满意度。
④ 质量管理体系方法包含了系统地运用八项质量管理原则的内涵。

(3) 质量管理体系要求和产品要求的区别和相互关系(见表6.1)

表6.1 质量管理体系要求和产品要求的区别和相互关系

内容	质量管理体系要求	产品要求
含义	1. 为建立质量方针和质量目标并实现这些目标的一组相互关联的或相互作用的要素,是对质量管理体系固有特性提出的要求 2. 质量管理体系的固有特性是体系满足方针和目标的能力,体系的协调性、自我完善能力、有效性的效果等	1. 对产品的固有特性所提出的要求,有时也包括与产品有关过程的要求 2. 产品的固有特性主要是指产品物理的、感观的、行为的、时间的、功能的和人体功效方面的有关要求
目的	1. 证实组织有能力稳定地提供满足顾客和法律法规要求的产品或 2. 体系有效应用,包括持续改进和预防不合格而增强顾客满意	验收产品并满足顾客
适用范围	通用的要求,适用于各种类型,不同规模和提供不同产品的组织	特定要求,适用于特定产品
表达形式	GB/T19001质量管理体系要求标准或其他质量管理体系要求或法律法规要求	技术规范、产品标准、合同、协议、法律法规,有时反映在过程标准中
要求的提出	GB/T19001标准	可由顾客规定;可由组织通过预测顾客要求来规定;可由法规规定
相互关系	质量管理体系要求本身不规定产品要求,但它是对产品要求的补充	

(4) 质量管理体系要求说明

质量管理体系是企业内部建立的、为保证产品质量或质量目标所必需的、系统的质量管理活动。它根据企业特点选用若干体系要素加以组合，加强从设计研制、生产、检验、销售、使用全过程的质量管理活动，并予制度化、标准化，成为企业内部质量工作的要求和活动程序。

(5) 质量管理体系标准的产生与发展

ISO 9000 族是国际标准化组织（ISO）在 1994 年提出的概念，是指"由 ISO/TC176（国际标准化组织质量管理和质量保证技术委员会）制定的所有国际标准"。

2. ISO9000 族标准的概念、意图

ISO9000 族标准是由 ISO/TC176 制定的的国际标准。该标准族可帮助组织实施并有效运行质量管理体系，是质量管理体系通用的要求或指南。它不受具体行业或经济部门的限制，可广泛适用于各种类型和规模的组织，在国内和国际贸易中促进相互理解和信任。

(1) 实施 ISO9000 族标准的意义

- 实施 ISO9000 族标准有利于提高产品质量，保护消费者利益。
- 为提高组织的运作能力提供了有效的方法。
- 有利于增进国际贸易，消除技术壁垒。
- 有利于组织的持续改进和持续满足顾客的需求和期望。

(2) ISO9000 族标准在中国的进展情况

1988 年 12 月，我国正式发布等效采用 ISO9000 标准的 GB/T10300《质量管理和质量保证》系列国家标准。

1994 年发布了 1994 版的 GB/T19000 等同 ISO9000 族标准。

2000 年发布了 2000 版的 ISO9000 族标准，2003 年发布了审核指南。

GB/T19000—2000《质量管理体系基础和术语》(idt ISO 9000:2000)。

GB/T19001—2000《质量管理体系要求》(idt ISO 9001:2000)。

GB/T19004—2000《质量管理体系业绩改进指南》(idt ISO9004:2000)。

GB/T19011—2003《质量和（或）环境管理体系审核指南》(idt ISO19011:2002)。

(3) ISO9000 族核心标准

GB/T19000～ISO9000:2000 质量管理体系——基础和术语。

GB/T19001～ISO9001:2000 质量管理体系——要求。

GB/T19004～ISO9004:2000 质量管理体系——业绩改进指南。

GB/T19011:2003～ISO19011:2002 质量和（或）环境管理体系审核指南。

(4) 什么叫 ISO

ISO 一词来源于希腊语"ISOS"，即"EQUAL"——平等之意，是国际标准化组织（International Organization for Standardization）的简称。ISO 是一个全球性的非政府组织，是国际标准化领域中一个十分重要的组织，又称"经济联合国"（现有成员国 150 多个）。

ISO 为一非政府的国际科技组织，是世界上最大的、最具权威的国际标准制定、修订组织。它成立于 1947 年 2 月 23 日。ISO 的最高权力机构是每年一次的"全体大会"，其日常办事机构是中央秘书处，设在瑞士的日内瓦。

ISO 宣称它的宗旨是"发展国际标准，促进标准在全球的一致性，促进国际贸易与科学

技术的合作。"

(5) 什么叫认证

"认证"一词的英文原意是一种出具证明文件的行动是"由可以充分信任的第三方证实某一经鉴定的产品或服务符合特定标准或规范性文件的活动。"

举例来说,对第一方(供方或卖方)提供的产品或服务,第二方(需方或买方)无法判定其品质是否合格而由第三方来判定。第三方既要对第一方负责,又要对第二方负责,不偏不倚,出具的证明要能获得双方的信任,这样的活动就叫做"认证"。

这就是说,第三方的认证活动必须公开、公正、公平,才能有效。这就要求第三方必须有绝对的权力和威信,必须独立于第一方和第二方之外,必须与第一方和第二方没有经济上的利益关系,或者有同等的利害关系,或者有维护双方权益的义务和责任,才能获得双方的充分信任。

6.2.2 ISO9000/9001 质量管理体系基本内容

1. ISO9000/9001 质量管理体系

ISO9000 是由西方的品质保证活动发展起来的。二战期间,因战争扩大所需武器需求量急剧膨胀,美国军火商因当时的武器制造工厂规模、技术、人员的限制未能满足"一切为了战争"。美国国防部为此面临千方百计扩大武器生产量,同时又要保证质量的现实问题。分析当时企业可知大多数管理是 NO.1,即工头凭借经验管理,指挥生产,技术全在脑袋里面,而一个 NO.1 管理的人数很有限,产量当然有限,与战争需求量相距很远。于是,美国国防部组织大型企业的技术人员编写技术标准文件,开设培训班,对来自其他相关原机械工厂的员工(如五金、工具、铸造工厂)进行大量训练,使其能在很短的时间内学会识别工艺图及工艺规则,掌握武器制造所需关键技术,从而将"专用技术"迅速"复制"到其他机械工厂,从而奇迹般地有效解决了这个战争难题。战后,国防部将该宝贵的"工艺文件化"经验进行总结、丰富,编制更周详的标准在全国工厂推广应用,并同样取得了满意效果。当时美国盛行文件风,后来,美国军工企业的这个经验很快被其他工业发达国家军工部门所采用,并逐步推广到民用工业,在西方各国蓬勃发展起来。

随着上述品质保证活动的迅速发展,各国的认证机构在进行产品品质认证的时候,逐渐增加了对企业的品质保证体系进行审核的内容,进一步推动了品质保证活动的发展。到了 20 世纪 70 年代后期,英国一家认证机构 BSI(英国标准协会)首先开展了单独的品质保证体系的认证业务,使品质保证活动由第二方审核发展到第三方认证,受到了各方面的欢迎,更加推动了品质保证活动的迅速发展。

通过三年的实践,BSI 认为,这种品质保证体系的认证适应面广,灵活性大,有向国际社会推广的价值。于是,在 1979 年 BSI 向 ISO 提交了一项建议。ISO 根据 BSI 的建议,当年即决定在 ISO 的认证委员会的"品质保证工作组"的基础上成立"品质保证委员会"。1980 年,ISO 正式批准成立了"品质保证技术委员会"(即 TC176)着手这一工作,从而导致了"ISO9000 族"标准的诞生,健全了单独的品质体系认证的制度,一方面扩大了原有品质认证机构的业务范围,另一方面又导致了一大批新的专门的品质体系认证机构的诞生。

自从 1987 年 ISO9000 系列标准问世以来,为了加强品质管理,适应品质竞争的需要,企业家们纷纷采用 ISO9000 系列标准在企业内部建立品质管理体系,申请品质体系认证,很快形成了一个世界性的潮流。目前,全世界已有100多个国家和地区正在积极推行ISO9000国际标准。

2. **质量管理体系基础**

在现代企业管理中,质量管理体系最新版本的标准是ISO9001:2008,也是企业普遍采用的质量管理体系。但要说明的是,ISO9001并不是唯一的质量管理体系,除ISO9001之外,还有TS16949汽车配件质量管理体系和ISO13485医疗器械质量管理体系。

ISO9001:2008标准是由ISO(国际标准化组织)/TC176/SC2质量管理和质量保证技术委员会质量体系分委员会制定的质量管理系列标准之一。

技能训练6：TPS作业管理技能训练

制造一批电动车充电器产品，设计有8个工位，第1个工位完成项目所需工时10秒，第2个工位完成项目所需工时8秒，第3个工位完成项目所需工时6秒，第4个工位完成项目所需工时12秒，第5个工位完成项目所需工时5秒，第6个工位完成项目所需工时8秒，第7个工位完成项目所需工时5秒，第8个工位完成项目所需工时12秒。问在理想情况下，能做到不间断地生产产品，问最少需要多少员工？按每天8小时工作，产量是多少？写出实现该流水线的模拟工位个数。

思考题

1. 什么是精益生产？什么是精益生产系统？精益生产系统的目标管理内容是什么？
2. 精益管理的一个主要思想是什么？
3. 精益生产实施步骤有哪些？具体内容是什么？

项目7

品质事件处理

【项目描述】

本项目从 8D 手法的基础知识入手,着重根据企业材料异常处理流程、成品异常处理流程、物质不合格处理流程的实际操作来进行分析,让学生熟悉品质事件处理的流程,掌握解决品质事件问题的方法,提升实际品质事件的处理能力。

【学习目标】

(1) 掌握 8D 手法。

(2) 了解某公司品质事件处理的流程。

【能力目标】

(1) 能运用 8D 进行案例分析。

(2) 能处理品质异常事件。

7.1 品质异常处理的基础知识

1. 8D 的概念

8D 即 8 Disciplines of Problem Solving,是解决问题的 8 个步骤。8D 是解决问题的一种工具,通常是客户所抱怨的问题要求公司分析,并提出永久解决及改善的方法,比改善行动报告(Corrective Action Report)更加地严谨。

2. 8D 的本质

8D 是解决问题的程序,如图 7.1 所示。当我们观察到或发现某些异常时,先是考虑这现象是否正常?跟标准或目标比较差异(偏离程度),考虑其差异是否不该存在?为什么会发生异常?如何改善异常?如何控制发生异常的原因?

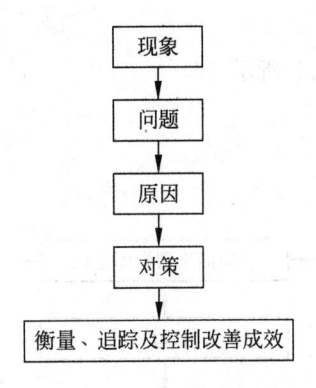

```
现象
 ↓
问题
 ↓
原因
 ↓
对策
 ↓
衡量、追踪及控制改善成效
```

图 7.1　问题解决程序

3. 8D 的步骤

8D 的步骤如图 7.2 所示。

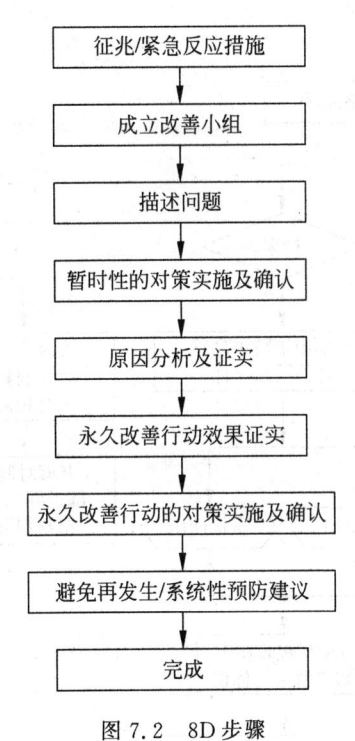

```
征兆/紧急反应措施
 ↓
成立改善小组
 ↓
描述问题
 ↓
暂时性的对策实施及确认
 ↓
原因分析及证实
 ↓
永久改善行动效果证实
 ↓
永久改善行动的对策实施及确认
 ↓
避免再发生/系统性预防建议
 ↓
完成
```

图 7.2　8D 步骤

7.2　公司对各异常事件的处理流程

1. 材料异常处理流程

材料异常处理流程如图 7.3 所示。

2. 成品异常处理流程

成品异常处理流程如图 7.4 所示。

3. 物质不合格处理流程

物质不合格处理流程如图 7.5 所示。

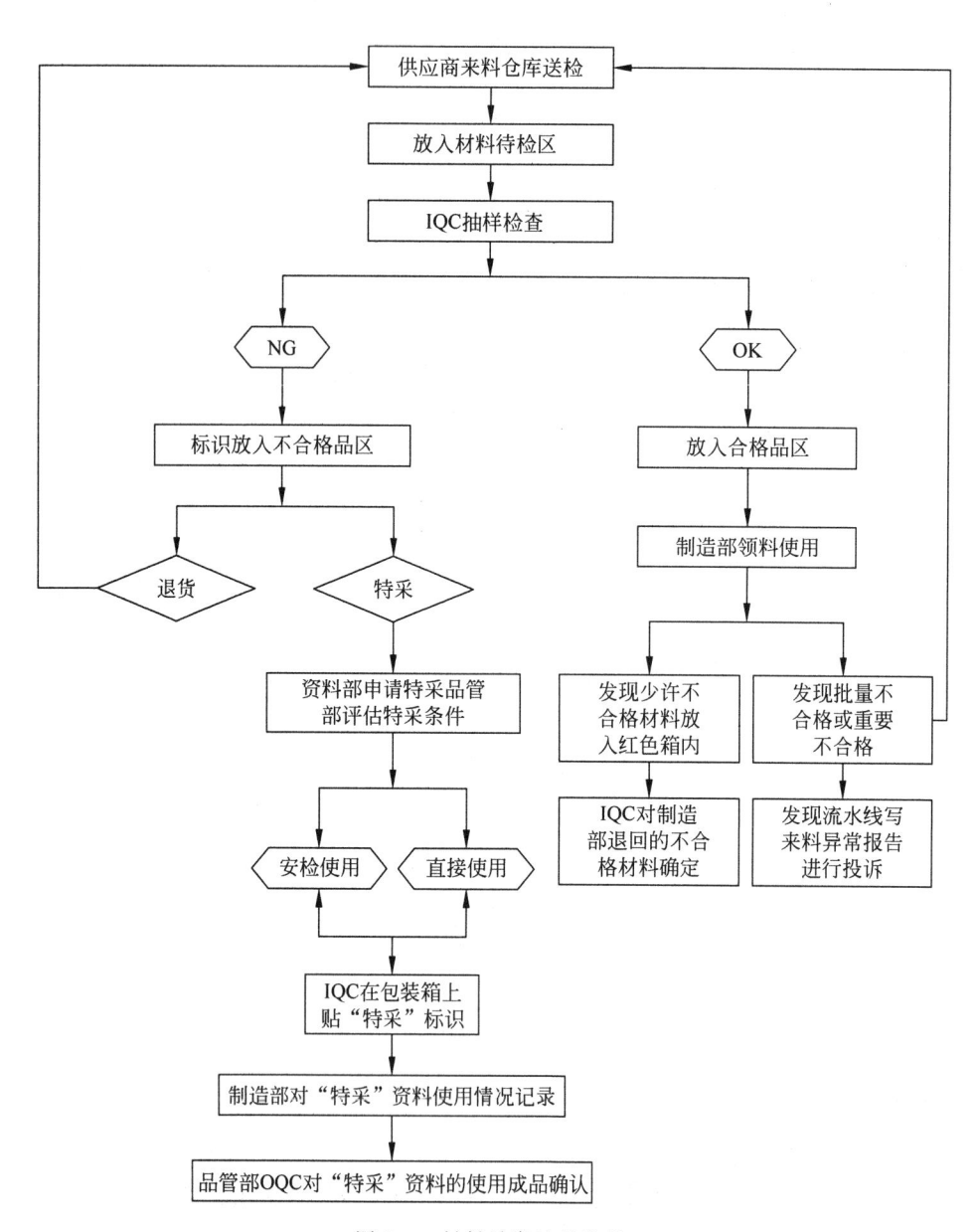

```
供应商来料仓库送检
        ↓
    放入材料待检区
        ↓
    IQC抽样检查
       ↙    ↘
     NG      OK
      ↓       ↓
标识放入不合格品区  放入合格品区
   ↙    ↘        ↓
  退货   特采    制造部领料使用
          ↓       ↙        ↘
   资料部申请特采品管   发现少许不  发现批量不
   部评估特采条件      合格材料放  合格或重要
          ↓          入红色箱内   不合格
      ↙      ↘         ↓          ↓
   安检使用  直接使用  IQC对制造   发现流水线写
      ↘      ↙      部退回的不合  来料异常报告
          ↓         格材料确定   进行投诉
   IQC在包装箱上
   贴"特采"标识
          ↓
  制造部对"特采"资料使用情况记录
          ↓
  品管部OQC对"特采"资料的使用成品确认
```

图 7.3 材料异常处理流程

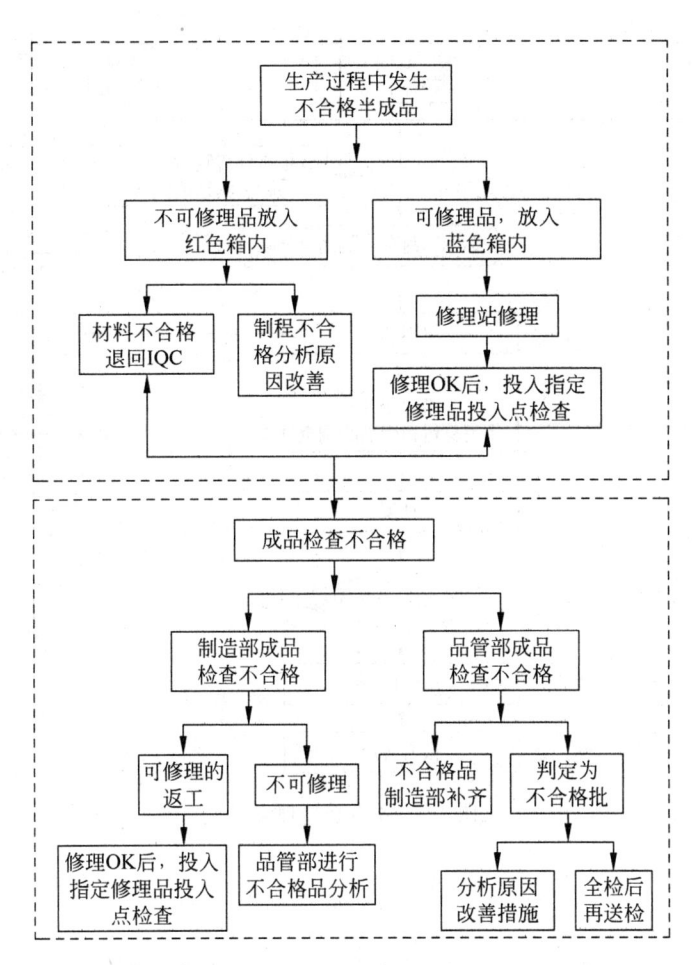

图 7.4 成品异常处理流程

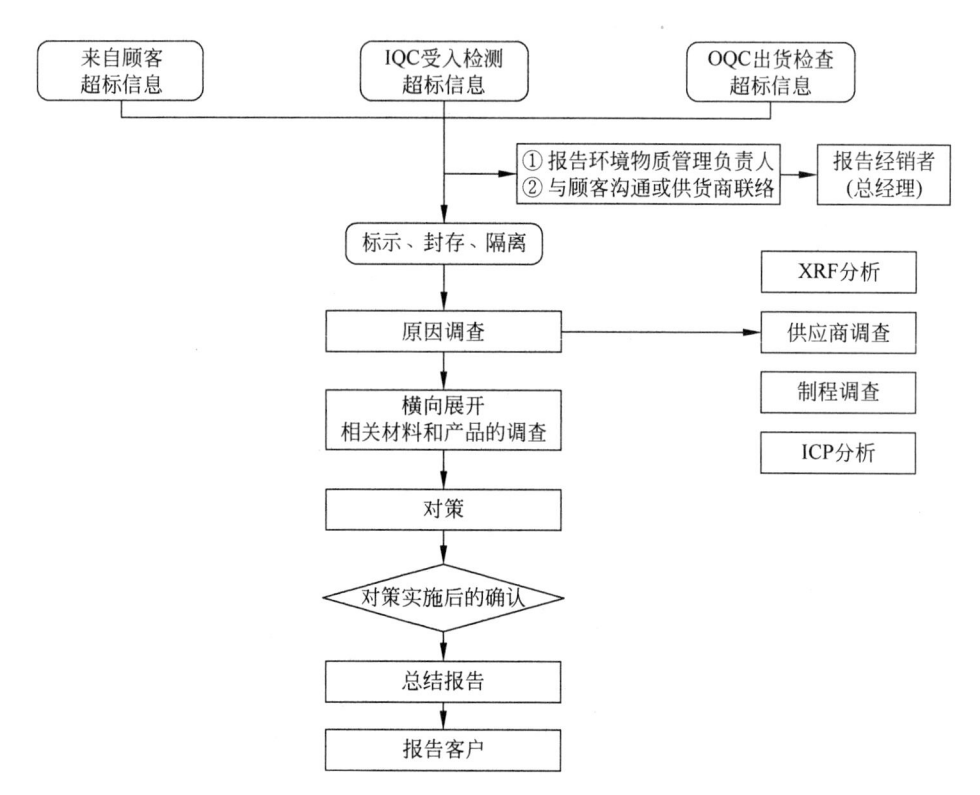

图 7.5 不合格处理流程

技能训练7：企业品质事件处理案例分析

1. 以某公司品质事件处理为例来分析品质事件处理
（1）公司对生产制造异常管理规定
【目的】
确保质量发生异常时，得以矫正改善或对经分析或统计所发现的潜在问题得以预防之。
【范围】
适用于所有的生产过程中出现的不合格和潜在的不合格和潜在的不合格所采取的纠正和预防措施。
【职责】
① 发现人员：全体员工，每位员工都有责任和义务关心公司的质量和环境状况，一旦发现异常时，都应及时向公司相关管理部门报告。
② 执行部门：发现异常的责任部门。
③ 确认检查部门：相关管理部门（品质管理部、制造部、技术部等）
【作业内容】
（1）制程异常处理
① 制程异常处理时机。
- 制程不合格率超出2%。
- 无声、磁路脱落、A/B脱不干、无充磁、极性反，抽检时不合格数超出2PCS。
② 处理方式。
- 由提报人将异常状况填至[异常联络单]送至技术部主管或品质部QE人员签收。
- 品质部QE人员或技术部人员对异常状况进行跟踪、分析、判断出原因所在，再依据异常现象的原因，将异常知会相关部门。
- 相关部门针对其原因进行研究，并在指定时间内拟订出措施，当异常原因涉及几个部门时，各部门负责人应在"异常联络单"的对策栏签名，可将其相关对策附页。
- 对策拟订部门不能在指定的时间内提出措施时，应将异常状况向更高层部门反馈。
- 发生重大异常时由品管人员会同制造主管经总经理或厂长批准后下令停止生产，并将异常反馈至生产计划、市场部，直至异常排除后方可继续生产。
- 对策的执行：对策内容为生产工程变更时，技术人员应会同品管人员对生产作业加以现场指导，生产线管理人员须对变更技术加以掌握，以备对其他作业人员进行培训、指导。

未涉及生产技术的对策，由相关部门依措施执行并追踪。
③ 对策导入状况的反馈：对策导入后，执行部门应在"异常联络单"中签名，如在导入过程中出现作业困难（对策在实际导入生产中的难度）应详述填写，再反馈至措施提出部门。
- 由品管部或异常发生部门进行效果确认后，再将异常单转交措施提出部门确认是否需持续改善，再归档。
④ 材料异常改善成效追踪：连续追踪3批方可结案，如果遇到该物料或产品在当月只

生产一批两批或不再生产时,QE应对其改善措施加以验证,并将验证结果填入成效追踪内进行结案。

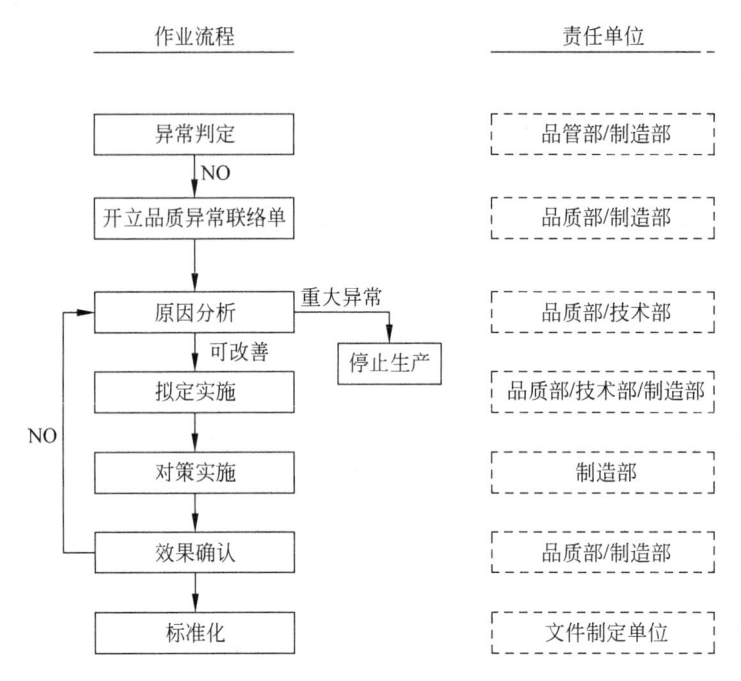

(2)品质异常改善作业流程

品质异常改善作业流程如图7.6所示。

```
作业流程                          责任单位

   ┌─────────┐                  ┌─────────────┐
   │ 异常判定 │                  │ 品管部/制造部 │
   └────┬────┘                  └─────────────┘
       │ NO
   ┌────┴─────────┐              ┌─────────────┐
   │开立品质异常联络单│              │ 品质部/制造部 │
   └────┬─────────┘              └─────────────┘
       │
   ┌───┴────┐   重大异常          ┌─────────────┐
   │原因分析 │──────────┐         │ 品质部/技术部 │
   └───┬────┘          │         └─────────────┘
       │可改善          ▼
   ┌───┴────┐      ┌────────┐   ┌──────────────────┐
   │拟定实施 │      │停止生产 │   │品质部/技术部/制造部│
   └───┬────┘      └────────┘   └──────────────────┘
       │
   ┌───┴────┐                   ┌─────────┐
   │对策实施 │                   │ 制造部  │
   └───┬────┘                   └─────────┘
       │
   ┌───┴────┐                   ┌─────────────┐
   │效果确认 │                   │ 品质部/制造部 │
   └───┬────┘                   └─────────────┘
NO     │
       ┌───┴────┐                ┌─────────────┐
       │ 标准化 │                │ 文件制定单位 │
       └────────┘                └─────────────┘
```

图7.6 品质异常改善作业流程

2. 某公司品质管理人员针对实际生产的案例分析

训练方式:企业人员现场教学

思考题:

1. 简要介绍8D的操作流程。
2. 当公司物料出现异常时应做何处理?
3. 作为品质管理人员对出现异常事件应做好哪些工作?

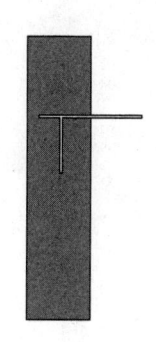

附　录

一、电子产品进料检验规范

检验名称	进料检验规范	文件编号	SIP/xxx
		文件版本	A/0
		生效日期	

一、目的

为有效确保电子类来料的质量，完善电子零部件的检验依据。

二、范围

本检验指导书规定公司目前使用的电子类零部件(天线、读写器等)相关的技术要求和检验要求。适用于本公司生产的 RFID 相关产品(客户有特殊要求的按客户要求进行检验)。

三、定义

1. AQL：(Acceptance Quality Limit)接收质量限，当一个连续系列批被提交验收抽样时，可允许的最差过程平均质量水平。
2. 轻微不合格品：对产品使用功能、性能没有影响，只采取简单的处理就可以达到合格要求的不合格品。
3. 一般不合格品：对产品的使用功能、结构安全、性能有影响，需要采取较复杂的返工或返修措施，才能满足要求或预期用途的不合格品。
4. 严重不合格品：对产品的使用功能、结构安全、性能有影响，无法通过返工或返修措施使产品满足要求或预期用途的不合格品。

四、参照资料：

依照 GB/T2828.1—2003 Ⅱ级正常检验一次抽样方案：AQL=0(A)，AQL=0.4(B)，AQL=1.5(C)

五、内容

No.	物料名称	检验项目	检验标准	检验方法及工具	缺陷判定 A	缺陷判定 B	缺陷判定 C	备注
1	贴片元件检验规范（电容、电阻、电感）	包装检验	检验方法：在距 40W 荧光灯 1～1.2m 光线内，眼睛距物 30～40cm，视物约 3～5s；检查角度：以垂直正视为准±45 度 a. 根据来料送检单核对外包装或 LABEL 上的 P/N 及实物是否都正确，任何有误，均不可接受 b. 包装必须采用防静电包装	目检		√		
		数量检验	a. 实际包装数量与 Label 上的数量相符，否则不可接受 b. 标识或错印或模糊或丝印难以辨认不清，均不可接受	目检点数		√		
						√		
		外观检验	a. 来料品名错，或不同规格的混装，实际来料数量与送检单上的数量吻合			√		
			b. 标识或丝印错或模糊或 Label 上的数量难以辨认不清的混装，均不可接受			√		
			c. 本体变形，或有肉眼可见的龟裂等不可接受	目检 10 倍以上的放大镜		√		
			d. 元器件封装材料表面因封装过程中留下的沙孔，其面积不超过 0.5mm²，且未露出基质，可接受；否则不可接受				√	
			e. Pin 氧化生锈或上锡不良，均不可接受			√		
			f. 引脚轻微氧化不影响其焊接				√	
		尺寸检验	a. 规格、型号和尺寸必须与 BOM 表规格要求相符	试装	√			
		功能、性能检验	a. 元器件实际测量值超出偏差范围，不可接受	LCR 测试仪 数字万用表		√		

编制： 审批： 批准：

No.	物料名称	检验项目	检验标准	检验方法及工具	缺陷判定 A	缺陷判定 B	缺陷判定 C	备注
			检验方法：在距 40W 荧光灯 1～1.2m 光线内，眼睛距物 30～40cm，视物约 3～5s 检查角度：以垂直正视为准±45 度					
2	二极管（整流、稳压管）	包装检验	a. 根据来料送检单核对外包装或包装 LABEL 上的 P/N 及实物是否都正确，任何有误，均不可接受 b. 包装必须采用防静电包装	目检		√		
		数量检验	实际包装数量或 Label 上的数量相同，实际来料数量与送检单上的数量吻合	目检点数		√		
		外观检验	a. 标志或丝印错，或不同规格的混装，均不可接受 b. 来料品名错，或不同规格不清难以辨认均不可接受 c. 本体变形，或有肉眼可见的龟裂等不可接受 d. 元器件封装表面因封装过程中留下的沙孔，其面积不超过 0.5mm²，且未露出基质，可接受；否则不可接受 e. Pin 氧化生锈，或上锡不良，均不可接受 f. 引脚轻微氧化不影响其焊接	目检 10 倍以上的放大镜		√ √ √ √ √	√	
		尺寸检验	规格、型号和尺寸必须与 BOM 表规格要求相符	试装	√			
		功能、性能检验	a. 选择数字万用表的二极管挡，正向测量，读数需小于 1，而反向测量读数需无穷大；否则二极管不合格。注：有颜色标记的一端为负极 b. 用电压挡测其整流、稳压值（通电状态）应与标称相符	LCR 测试仪 数字万用表		√ √		

编制：　　　　　　　　审批：　　　　　　　　批准：

No.	物料名称	检验项目	检验标准	检验方法及工具	缺陷判定 A	缺陷判定 B	缺陷判定 C	备注
3	发光二极管		检验方法：在距 40W 荧光灯 1～1.2m 光线内，眼睛距物 30～40cm，视物约 3～5s 检查角度：以垂直正视为准±45度					
		包装检验	a. 根据来料送检单核对外包装或 LABEL 上的 P/N 及实物是否都正确，任何有误，均不可接受 b. 包装必须采用防静电包装，否则不可接受	目检		√ √		
		数量检验	a. 实际包装数量与 Label 上的数量相同，色泽不均一，均不可接受 实际来料数量与送检单上的数量吻合	目检点数		√ √		
		外观检验	a. 管体透明度不够，色泽不均一，均不可接受 b. 本体变形，或有肉眼可见的龟裂等不可接受 c. 元器件封装材料表面因封装过程中留下的沙孔，其面积不超过 0.5mm²，且未露出基质，可接受；否则不可接受 d. Pin 氧化生锈，或上锡不良，均不可接受 e. 管体板微氧化不影响其焊接 f. 引脚轻微氧化不影响其焊接	目检 10 倍以上的放大镜		√ √ √ √ √		
		尺寸检验	a. 规格、型号和尺寸必须与 BOM 表规格要求相符	试装	√			
		功能性能检验	a. 选择数字万用表的二极管挡，正向测量，LED 需发出与要求相符的颜色的光，而反向测量不发光；否则该二极管不合格。注：有标记的一端为负极 b. 用 2～5VDC 电源检测其发光色泽及发光度必须均匀、一致	LCR 测试仪 数字万用表		√ √		

编制： 审批： 批准：

附录

检验方法：在距 40W 荧光灯 1～1.2m 光线内，眼睛距物 30～40cm，视物约 3～5s
检查角度：以垂直正视为准±45 度

No.	物料名称	检验项目	检验标准	检验方法及工具	缺陷判定 A	缺陷判定 B	缺陷判定 C	备注
4	三极管类	包装检验	a. 根据来料送检单核对外包装或 LABEL 上的 P/N 及实物是否都正确，任何有误，均不可接受 b. 包装必须采用防静电包装，否则不可接受	目检		√		
		数量检验	a. 实际包装数量与 Label 上的数量相同，实际来料数量与送检单上的数量吻合 b. 标识或印丝印错，或有不同规格的混装，难以辨认不可接受	目检点数		√ √		
		外观检验	a. 来料品名错，或不同规格模糊的混装，难以辨认不可接受 b. 本体变形，或有肉眼可见的龟裂等不可接受 c. 元器件封装表面因封装过程中留下的沙孔，其面积不超过 0.5mm²，且未露出基质，可接受；否则不可接受 d. Pin 氧化生锈，或上锡不良，均不可接受 e. 引脚轻微氧化不影响其焊接	目检 10 倍以上的放大镜		√ √ √ √	√	
		尺寸检验	a. 规格、型号与尺寸必须与 BOM 表规格要求相符	试装	√			
		功能、性能检验	a. 量测其引脚极性及各 Pin 之间无开路、短路	数字万用表		√		
5	晶体类	包装检验	a. 根据来料送检单核对外包装或 LABEL 上的 P/N 及实物是否都正确，任何有误，均不可接受 b. 包装必须采用防静电包装，否则不可接受	目检		√ √		
		数量检验	a. 实际包装数量与 Label 上的数量相同，实际来料数量与送检单上的数量吻合 b. 字体模糊不清，难以辨认不可接受	目检点数		√ √		
		外观检验	a. 有不同规格的晶体混装在一起，不可接受 b. 元器件变形，或受损露出本体等不可接受 c. Pin 生锈氧化、上锡不良、或断 Pin，均不可接受 d. 引脚轻微氧化不影响其焊接	目检 10 倍以上的放大镜		√ √ √	√	
		尺寸检验	a. 与对应的产品插装，进行上网测试整体功能 OK（参照测试标准）	试装	√			
		功能、性能检验	b. 根据来料送检单核对外包装或 LABEL 上的 P/N 及实物是否都正确，任何有误，均不可接受	数字万用表试装		√ √		

编制： 审批： 批准：

No.	物料名称	检验项目	检验标准	检验方法及工具	缺陷判定 A	缺陷判定 B	缺陷判定 C	备注
			检验方法：在距40W荧光灯1~1.2m光线内，眼睛距物30~40cm，视物约3~5s 检查角度：以垂直正视为准±45度					
6	镜头滤光片等	包装检验	a. 根据来料送检单核对外包装或LABEL上的P/N及实物是否都正确，任何有误，均不可接受	目检		√		
		数量检验	a. 实际包装数量与Label上的数量相同，实际来料数量与送检单上的数量吻合	目检点数		√		
		外观检验	a. 镭射丝印缺笔划，断笔划，模糊不清现象，不可接受 b. 粘胶不牢固，有松动，脱开现象，不可接受 c. 镜片残缺，破损，划伤，不可接受	目检		√ √ √		
		尺寸检验	a. 规格、型号和尺寸必须与BOM表规格要求相符 b. 试装尺寸不合适、脱胶、松动、不稳定，不可接受	试装	√	√		
		功能、性能检验	a. 显示视频模糊不清，不可接受	试装		√		
7	IC类	包装检验	a. 根据来料送检单核对外包装或LABEL上的P/N及实物是否都正确，任何有误，均不可接受 b. 包装必须采用防静电包装，否则不可接受	目检		√ √		
		数量检验	a. 实际包装数量与Label上的数量相同，实际来料数量与送检单上的数量吻合	目检点数		√		
		外观检验	a. 标志丝印错或模糊不清难以辨认，均不可接受 b. 来料品名错，或不同规格的混装，不可接受 c. 本体变形，元器件封装材料表面因封装过程中留下的砂孔，其面积不超过0.5mm²，且未露出基质，可接受 d. 元器件封装材料表面因封装过程中留下的砂孔，其面积不超过0.5mm²，且未露出基质，可接受 e. Pin氧化生锈，不可接受 f. 元器件脚弯曲、脚高或少脚，偏位、缺损或上锡不良，均不可接受	目检		√ √ √ √ √ √		
		尺寸检验	a. 长/宽/厚度/脚距尺寸超出图面公差范围，不可接受	卡尺直尺	√			
		功能、性能检验	a. 对IC直接与对应的产品插装，进行计算机测试，整体功能OK（参照测试标准）	试装		√		
		备注	凡用于真空完全密闭包装的IC，由子管理与防护的特殊要求不能现场打开封装的，IQC仅进行包装检验，并加盖免检印章；该IC在SMT上拉前IQC须进行拆封检验				√	

编制： 审批： 批准：

No.	物料名称	检验项目	检验标准	检验方法及工具	缺陷判定 A	缺陷判定 B	缺陷判定 C	备注
8	继电器	包装检验	a. 根据来料送检单核对外包装或LABEL上的P/N及实物是否都正确,任何有误,均不可接受 b. 包装必须采用防静电包装	目检		√		
		数量检验	a. 实际来料数量与Label上的数量相同,实际来料数量与送检单上的数量吻合	目检点数		√		
		外观检验	a. 标识或丝印错,或不同规格的混装,均不可接受 b. 本体变形,或有肉眼可见的龟裂等不可接受 c. 元器件封装材料表面因封装过程中留下的砂孔,其面积不超过0.5mm²,且未露出基质,可接受;否则不可接受 d. Pin氧化生锈,或上锡不良,均不可接受 e. 元件脚弯曲、偏位、缺脚或少脚,均不可接受 f. 引脚轻微氧化不影响其焊接	目检		√ √ √ √ √	√	
		尺寸检验	a. 长/宽/厚度/脚距尺寸超出图面公差范围,不可接受	卡尺	√			
		功能性能检验	a. 与对应型号产品插装上网测试,整体功能OK(依测试标准)	试装		√		

编制: 审批: 批准:

检验方法:在距40W荧光灯1～1.2m光线内,眼睛距物30～40cm,视物约3～5s
检查角度:以垂直正视为准±45度

No.	物料名称	检验项目	检验标准	检验方法及工具	缺陷判定 A	缺陷判定 B	缺陷判定 C	备注
			检验方法：在距40W荧光灯1～1.2m光线内,眼睛距物30～40cm,视物约3～5s 检查角度：以垂直正视为准±45度 检验标准					
9	USB头、排针&插槽(座)	包装检验	a. 实际包装数量与Label上的数量相同,实际来料数量与送检单上的数量吻合	目检		√		
		数量检验	a. 标志或印错丝印规格或模糊的混装,均不可接受	目检点数		√		
		外观检验	a. 来料名错,或不同规格不同品牌以辨认不可接受 b. 本体变形,或有肉眼可见的龟裂等均不可接受 c. 元器件封装材料表面因封装过程中留下的沙孔,其面积不超过0.5mm²,且未露出基质,可接受；否则不可接受 d. Pin氧化生锈,或上锡不良,均不可接受 e. 元件脚弯曲,偏位,缺损或少脚,均不可接受 f. 引脚轻微氧化不影响其焊接	目检		√ √ √ √ √	√	
		尺寸检验	a. 与来应型号产品插装上网测试,整体功能OK(依测试标准)	卡尺		√		
		功能,性能检验		试装			√	
10	液晶屏	包装检验	a. 根据来料送检单核对外包装或LABEL上的P/N及实物是否都正确,任何有误,均不可接受 b. 包装必须采用防静电包装,否则不可接受	目检		√ √		
		数量检验	a. 实际包装数量与Label上的数量相同,实际来料数量与送检单上的数量吻合	目检点数		√		
		外观检验	a. 本体应无破损,残缺,划伤,漏液,黑点 b. 排线引脚连接良好,不偏位 c. 封胶均匀,无气孔	目检		√ √ √		
		尺寸检验	a. 规格,型号测试,显示完整,不缺划,不模糊不清	卡尺	√			
		功能,性能检验	a. 通电测试,显示完整,不缺划,不模糊不清 b. 不显示重影,暗淡	试装		√ √		

编制： 审批： 批准：

检验方法：在距40W荧光灯1～1.2m光线内，眼睛距物30～40cm，视物约3～5s
检查角度：以垂直正视为准±45度

No.	物料名称	检验项目	检验标准	检验方法及工具	缺陷判定 A	缺陷判定 B	缺陷判定 C	备注
11	Inlay标签类	包装检验	a. 根据来料送检单核对外包装或LABEL上的P/N及实物是否都正确，任何有误，均不可接受	目检	✓			
		数量检验	a. 实际包装数量与Label上的数量相同，实际来料数量与送检单上的数量吻合	目检点数			✓	
		外观检验	a. 标志或丝印错，或不同规格的混装，模糊不清难以辨认不可接受	目检			✓	
			b. 本体变形，或有肉眼可见的龟裂等不可接受			✓		
		尺寸检验		直尺		✓		
		功能,性能检验	a. 与对应型号产品插装上网测试，整体功能OK（依测试标准）	试贴		✓		
12	线材类（电源线,信号线等）	包装检验	a. 根据来料送检单核对外包装或LABEL上的P/N及实物是否都正确，任何有误，均不可接受	目检	✓			
		数量检验	a. 实际包装数量与Label上的数量相同，实际来料数量与送检单上的数量吻合	目检点数		✓		
		外观检验	a. 外观变形,划伤,光滑,毛边,破(断)裂,异色等不良,不可接受	目检		✓		
			b. 外观不平整且线体表面有油渍,脏物,不可接受				✓	
			c. 剥线口不平整且填充物或屏蔽线有外漏影响产品外观,不可接受				✓	
		尺寸检验	a. 成品线材尺寸,规格按采购订单进行检验	直尺		✓		
		功能,性能检验	a. 见供应商的出厂检验报告	/				

编制：　　　　　审批：　　　　　批准：

No.	物料名称	检验项目	检验标准	检验方法及工具	缺陷判定 A	缺陷判定 B	缺陷判定 C	备注
13	PCB		检验方法：在距40W荧光灯1~1.2m光线内，眼睛距物30~40cm，视物约3~5s 检查角度：以垂直正视为准±45度					
		包装检验	a. 根据来料送检单核对外包装或LABEL上的P/N及实物是否都正确，任何有误，均不可接受 b. 包装必须采用防静电包装，否则不可接受	目检		√		
		数量检验	a. 实际来料数量与送检单上的数量吻合	目检点数		√		
		外观检验	a. 标志或包装上Label与Label上的字迹模糊不清难以辨认不可接受 b. 板面有外来杂质、指印、残留助焊剂、标签、胶带或其他污染物，均不可接受 c. 极性符号、零件符号及图案有印错、缺角或模糊不清，不可接受 d. 线路边缘毛边长度大于1mm，缺角或缺损面积大于原始焊盘上锡之异物，均不可接受 e. 焊盘部分有严重氧化、露铜严重、沾有油污等有得焊盘上锡之异物，不可接受 f. 金手指必须沾锡 g. 金手指金呈黄色，沾漆、沾胶、沾铜污染或其他污染物、变色或发黑，不可接受 h. 线路板有轻微的弯曲和变形 i. 线路板有严重的弯曲和变形、焊盘孔、安装孔有被堵现象、影响安装质量，不可接受 j. 线路间有桥接现象、焊盘孔、安装孔有被堵现象，不可接受 k. 基板底材有裂泡、断裂等现象，不可接受 l. 表面有起泡、上升和浮起等现象，不可接受 m. 焊盘和贯穿孔有偏离现象、明显偏离中心，不可接受 o. 因斑点、小水泡或膨胀导致叠板内部纤维分离，不可接受	目检10倍以上的放大镜		√ √ √ √ √ √ √ √ √ √ √ √	√	
		尺寸检验	a. 规格、型号和尺寸必须与BOM表规格要求相符	卡尺	√			
		功能、性能检验	a. 线路或锡垫之间绝不容许有断路或短路之现象 b. 与对应型号产品插装上网测试，整体功能OK（依测试标准）	数字万用表 试装	√ √			

编制： 审批： 批准：

No.	物料名称	检验项目	检验标准	检验方法及工具	缺陷判定 A	缺陷判定 B	缺陷判定 C	备注
			检验方法：在距40W荧光灯1～1.2m光线内，眼睛距物30～40cm，视物约3～5s 检查角度：以垂直正视为准±45度 检验标准					
14	塑胶件	包装检验	a. 根据来料送检单核对外包装或LABEL上的P/N及实物是否都正确，任何有误，均不可接受	目检	√			
		数量检验	a. 实际包装数量与Label上的数量相同，实际来料数量与送检单上的数量吻合	目检点数	√			
	塑胶壳	外观检验	a. 本体缩水，严重缩水，不可接受 b. 本体变形，手感不稳，放置不平，影响外观不严密，间隙超过0.5mm，不可接受 c. 有油污，手感油腻，影响喷油、丝印及装配的，不可接受 d. 有色差，在同一环境，同一产品，与色卡或样板有明显偏听偏差的，不可接受 e. 有披峰，表面粗糙，影响整体外观，影响装配等，不可接受 f. 有碰伤，整体外观有明显碰伤、压伤，变形、刮手，直接影响外观，不可接受 g. 裂缝大于0.3mm，且直接影响到外观，不可接受 h. 错位大于0.3mm，手感刮手，影响整体外观，不可接受	目检 卡尺	√ √ √ √ √ √ √	√ √	√ √	
		尺寸检验	a. 长/宽/厚尺寸超出图纸公差范围，无明显偏蛋 b. 外壳与PCB板或壳件组装不得超过0.5mm c. 与对应的产品实际组装完好，无明显偏蛋	卡尺 试装	√ √ √			
15	金属件金属外壳底板（包括电镀件）	包装检验	a. 根据来料送检单核对外包装或LABEL上的P/N及实物是否都正确，任何有误，均不可接受	目检	√			
		数量检验	a. 实际包装数量与Label上的数量相同，与提供的样品有明显颜色偏差的，不可接受	目检点数	√			
		外观检验	b. 在同一环境，同一批产品，有油污，表面油腻，直接影响装配，喷油丝印及装配不严密，装配刮手，严重影响外观，不可接受 c. 发生变形，翘件，放置不平稳，边缘刮手，装置刮手，翘起超高0.5mm，不可接受 d. 本体有披锋，整体外观有明显碰伤，压伤、变形等，影响整体外观，不可接受 e. 有碰伤，整体外观有明显碰伤、压伤、变色、变形等，影响整体外观，不可印 f. 错位大于0.2mm，手感刮手，影响整体外观，不可接受 g. 表面有明显生锈，氧化，变色，表面只经清洗后，残留有印，不可接受	目检	√ √ √ √ √ √	√ √ √ √ √ √	√ √ √	
		尺寸检验	a. 长/宽/厚尺寸超出图纸公差范围后间/孔隙不得大于0.8mm b. 与对应的产品组装后间/孔隙不得大于0.8mm	卡尺 试装	√ √			

编制： 审批： 批准：

No.	物料名称	检验项目	检验标准	检验方法及工具	缺陷判定 A	缺陷判定 B	缺陷判定 C	备注
			检验方法：在距 40W 荧光灯 1~1.2m 光线内，眼睛距物 30~40cm，视物约 3~5s 检查角度：以垂直正视为准±45 度					
16	光盘	包装检验	a. 根据来料送检单核对外包装 Label 上的 P/N 及实物是否都正确，任何有误，均不可接受	目检		√		
		数量检验	a. 实际包装数量与 Label 上的数量相同，实际来料数量与送检单上的数量吻合	目检点数		√		
		外观检验	a. 本体有破损、变形、碟面划伤等现象，均不可接受 b. 版面印刷有异色或模糊不可识别现象不可接受	目检		√		
17	标贴贴纸	包装检验	a. 根据来料送检单核对外包装或 LABEL 上的 P/N 及实物是否都正确，任何有误，均不可接受	目检点数		√		
		数量检验	a. 实际包装数量与 Label 上的数量相同，实际来料数量与送检单上的数量吻合	目检		√		
		外观检验	a. 切割线有切偏，漏切现象，不可接受 b. 纸张有压皱，变形及破损现象，不可接受	目检		√		
		尺寸检验	a. 长/宽尺寸超出图面公差范围，不可接受	直尺		√		
		功能、性能检验	a. 试贴其粘贴度	试贴		√		
18	螺丝螺帽等	包装检验	a. 根据来料送检单核对外包装或 Label 上的 P/N 及实物是否都正确，任何有误，均不可接受	目检		√		
		数量检验	a. 实际包装数量与 Label 上的数量相同，实际来料数量不可接受	目检点数		√		
		外观检验	a. 本体有生锈、破损、脏污等现象，不可接受 b. 螺丝纹牙发生断牙、滑牙等现象，不可接受	目检		√		
		尺寸检验	a. 测量其长/直径尺寸必须与 BOM 表规格要求相符	卡尺		√		
		功能、性能检验	a. 与对应产品组装发生滑牙，打不进或匹配无法匹配之现象，不可接受	试装		√		

编制：　　　　　　　　　审批：　　　　　　　　　批准：

No.	物料名称	检验项目	检验标准	检验方法及工具	缺陷判定 A	缺陷判定 B	缺陷判定 C	备注
			检验方法：在距40W荧光灯1～1.2m光线内，眼睛距物30～40cm，视物约3～5s 检查角度：以垂直正视为准±45度					
			检验标准					
19	按键开关	包装检验	a. 根据来料送检单核对外包装或Label上的P/N及实物是否都正确，任何有误，均不可接受	目检		√		
		数量检验	a. 实际包装数量与Label上的数量相同，实际来料数量与送检单上的数量吻合	目检点数		√		
		外观检验	a. 实物有氧化、生锈、插脚有生锈、变形现象，不可接受 b. 外壳有脏污现象，不可接受	目检		√	√	
		尺寸检验	a. 规格、型号和尺寸必须与BOM表规格要求相符	试装		√		
		功能性能检验	a. 接点通断状态与开关切换不顺有不良现象，不可接受 b. 切换片切换时有不顺畅、体污等现象，不可接受	试装		√		
20	包装盒彩盒（内盒）卡纸	包装检验	a. 材料包装破损、体污等现象，不可接受	目检			√	
		数量检验	a. 实际包装数量与Label上的数量相同，实际来料数量与送检单上的数量吻合	目检点数		√		
		外观检验	a. 异色、扎合不良、粘合不良、上光不良、刮伤、色差、油渍、体污等，不可接受 b. 印刷不良，严重重影、模糊不清，不可接受 c. 印刷不良带轻微模糊可视出内容 d. 体污易视出，不可擦拭，划伤回符超过5mm并在正反面易觉之处，不可接受 e. 纸张有压痕、变形、撕裂、破损现象，不可接受 f. 纸张有明显水分或手感潮湿，不可接受	目检		√	√	
		尺寸检验	a. 量测其长/宽/高尺寸中来回符合唛规格要求，偏差不大于5mm b. 内、外盒间单间隙不大于1.5mm c. 内、外盒组装应无过分松动或装不下及无法配套	直尺 试装		√	√	

编制： 审批： 批准：

No.	物料名称	检验项目	检验标准	检验方法及工具	缺陷判定 A	缺陷判定 B	缺陷判定 C	备注
21	纸箱		检验方法：在距40W荧光灯1~1.2m光线内，眼睛距物30~40cm，视物约3~5s 检查角度：以垂直正视为准±45度					
		包装检验	a. 材料包装破损、体污等现象，不可接受	目检			√	
		数量检验	a. 实际包装数量与Label上的数量相同，实际来料数量与送检单上的数量吻合	目检点数		√		
		外观检验	a. 印刷不良，模糊重影，模糊不清，无法辨别其内容，不可接受 b. 纸张有明显水分或手感潮湿，不可接受 c. 纸张有压皱，变形，撕裂，破损现象，不可接受	目检		√ √ √		
		尺寸检验	a. 量测其长/宽/高尺寸中来回符合暖规格要求，偏差不大于5mm b. 装上彩盒后箱内间隙不得大于1cm	卡尺 试装		√	√	

编制： 审批： 批准：

二、电子元器件及物料来料检验标准（明细）

工作文件			来料检验标准	文件编号	
生效日期				版次	
				页次	第 1 页 共 23 页
No.	物料名称	检验项目	品 质 要 求	缺陷判定	
			检验方法：在距 40W 荧光灯 1～1.2m 光线内，眼睛距物 20～30cm，视物约 3～5s 检验依据：MIL-STD-105E-II　　MA:0.65　　MI:1.5	MA	MI
1	电阻	1. 尺寸	a. SMT 件长/宽/高允许公差范围为±0.2mm	√	
			b. DIP 件长/直径（圆体）/脚径允许公差范围为±0.25mm	√	
		2. 外观	a. 本体应无破损或严重污染现象	√	
			b. 插脚端不允许有严重氧化、断裂现象	√	
			c. 插脚轻微氧化不影响其焊接		√
		3. 包装	a. 包装方式为袋装或盘装	√	
			b. 外包装需贴有明显物品标示应与实物相符	√	
			c. SMD 件排列方向需一致		√
			d. 盘装物料不允许有中断少数现象	√	
		4. 电气	a. 量测其容值必须与标示及对应之产品 BOM 要求相符	√	
		5. 浸锡	a. 焊端/引脚可焊锡度不低于 90%	√	
		6. 清洗	a. 经超声波清洗后色环不得有脱落或偏移 1/4 原始位置	√	

编制：　　　　　　　　　　　　　　审批：　　　　　　　　　　　　　　批准：

工作文件			来料检验标准	文件编号		
生效日期				版次		
				页次	第 2 页	共 23 页
物料名称			检验方法：在距 40W 荧光灯 1～1.2m 光线内，眼睛距物 20～30cm，视物约 3-5s 检验依据：MIL-STD-105E-Ⅱ　MA:0.65　MI:1.5	缺陷判定		
No.		检验项目	品　质　要　求	MA	MI	
2	电容	1. 尺寸	a. SMT 件长/宽/高允许公差范围为±0.2mm	V		
			b. DIP 件长（圆体）/脚径允许公差范围为±0.25mm	V		
		2. 外观	a. 本体型号，规格，方向类丝印需清晰无误	V		
			b. 丝印轻微模糊但仍能识别其规格		V	
			c. 插件电容应无严重氧化，断裂现象	V		
			d. 插件电容引脚带轻微氧化变形不直接影响其焊接		V	
			e. 电容本体不得有破损，变形，电容介质外溢，电解漏液等现象		V	
		3. 包装	a. 包装方式为袋装或盘装	V		
			b. 外包装需贴有明显物品标示目一致不得有中断（少数（盘装）	V		
			c. SMT 件排列方向需一致与标示及对应之产品 BOM 要求相符	V		
		4. 电气	a. 量测其阻值必须与标示相符	V		
		5. 浸锡	a. 焊端/引脚可焊锡度不低于 90%	V		
		6. 清洗	a. 经超声波清洗后丝印不允许有严重模糊无法辨目其规格		V	
			b. 经超声波清洗后丝印有轻微模糊但仍能辨别其规格	V		
			c. 经超声波清洗后胶皮（电解）不得有松脱，破损现象		V	
编制：			审批：	批准：		

工作文件			文件编号		
生效日期			版次		
			页次	第 3 页	共 23 页
物料名称	检验项目	来料检验标准 检验方法：在距 40W 荧光灯 1～1.2m 光线内，眼睛距物 20～30cm，视物约 3-5s 检验依据：MIL-STD-105E-II　MA:0.65　MI:1.5		缺陷判定	
		品　质　要　求	MA	MI	
No.					
3	二极管（整流稳压管）	1. 尺寸　a. SMT 件长/宽/高允许公差范围为＋0.2mm	√		
		b. DIP 件长/直径（圆体）/脚径允许公差范围为±0.25mm	√		
		2. 外观　a. 本体型号、规格、方向类丝印需清晰无误	√		
		b. 引脚无氧化、生锈及沾油污现象	√		
		c. 管体无残缺、破裂、变形	√		
		3. 包装　a. 包装方式为盘、带装或袋装	√		
		b. 外包装需有明显物品标示且应与实物相符	√		
		c. 为盘、带装料不允许有中断少数现象	√		
		d. SMT 件方向必须排列一致正确	√		
		4. 电气　a. 用万用表测其正、负极性应与标示相符且无开、短路	√		
		b. 用电压档测其整流、稳压值（通电状态）应与标称相符	√		
		5. 浸锡　a. 焊端/引脚可焊锡度不低于 90%	√		
		6. 清洗　a. 经超声波清洗后丝印不允许有严重模糊不清且无法辨别其规格	√		
		b. 经超声波清洗后丝印有轻微模糊但仍能辨别其规格	√		V

编制：　　　　　　　　　　　　　　　审批：　　　　　　　　　　　　　　　批准：

工作文件		来料检验标准	文件编号		
生效日期			版次		
			页次	第 4 页	共 23 页

检验方法：在距 40W 荧光灯 1～1.2m 光线内，眼睛距物 20～30cm，视物约 3-5s

检验依据：MIL-STD-105E-Ⅱ　MA:0.65　MI:1.5

No.	物料名称	检验项目	品质要求	缺陷判定		
				MA	MI
4	发光二极管	1. 尺寸	a. SMT 件长/宽/高允许公差范围为±0.2mm	√	
			b. DIP 件长（圆体）/直径（圆体）/脚径允许公差范围用±0.25mm	√	
		2. 外观	a. 管体透明度及色泽必须均匀、一致	√	
			b. 焊接端应无残缺、划伤、变形及毛边	√	
			c. 管体无氧化及沾油污等	√	
			d. 管体极性必须有明显之区分且易辨别		√
		3. 包装	a. 包装方式为袋装或盘装		√
			b. 包装材料与标示不允许有错误		√
			c. SMT 件排列方向必须一致正确	√	
			d. 为盘装料不允许有中断少数现象	√	
		4. 电气	a. 量测其极性应与脚长短对应（一般长脚为正、短脚为负）	√	
			b. 用 2-5VDC 电源检测其发光色泽及发光度必须均匀、一致	√	
		5. 浸锡	a. 焊端/引脚可焊锡度不低于 90%	√	
		6. 清洗	a. 管体经超声波清洗清洗后无掉色及外层剥落	√	

编制：　　　　　　　　　　　审批：　　　　　　　　　　　批准：

工作文件		来料检验标准		文件编号	
生效日期				版次	
				页次	第 5 页 共 23 页
物料名称	检验项目	检验方法：在距 40W 荧光灯 1～1.2m 光线内，眼睛距物 20～30cm，视物约 3～5s 检验依据：MIL-STD-105E-II　MA:0.65　MI:1.5			
		品 质 要 求	MA	MI	缺陷判定
No.					
5	三极管	1. 尺寸	a. 三端引脚间距必须均匀，允许公差不超过 0.2mm	V	
		2. 外观	a. 印刷型号不允许有错误且丝印需清晰易识别	V	
			b. 管体焊接端无氧化、生锈、断裂；贴装件无翘脚、弯脚	V	
			c. 本体无残缺、破裂、变形现象	V	
			d. 贴装件盘装一致（不允许有中断、少数）	V	
		3. 包装	a. 盘装方向必须正确		V
			b. 外包装须有明显物品标示且与实物相符	V	
		4. 电气	a. 量测其引脚极性及各及间无开路、短路	V	
			b. 量测/稳压脚值应与型号特性相符，并与相应的 BOM 表上的要求相符	V	
		5. 浸锡	a. 焊端/引脚可焊锡度不低于 90%	V	
		6. 清洗	a. 经超声波清洗后丝印不允许有严重模糊不清且无法辨别其规格		V
			b. 经超声波清洗后丝印有轻微模糊但仍能辨别其规格	V	
编制：			审批：		批准：

工作文件			来料检验标准	文件编号		
生效日期			检验方法：在距40W荧光灯1~1.2m光线内，眼睛距物20~30cm，视物约3~5s	版次		
			检验依据：MIL-STD-105E-II　MA:0.65　MI:1.5	页次	第6页	共23页
物料名称	检验项目		品　质　要　求	缺陷判定		
				MA	MI	
No.						
6	IC	1. 尺寸	a. 长/宽/厚/脚距尺寸不允许超出图面公差范围	√		
		2. 外观	a. 表面丝印需清晰可辨，内容、标示清楚无误	√		
			b. 本体应无残缺、破裂、变形	√		
			c. IC引脚必须整齐均匀，且无严重翘脚、断脚及氧化	√		
			d. 轻微氧化不影响焊接		√	
			e. 翘脚为0.2mm以下不影响焊接		√	
		3. 包装	a. 外包装需有明显物品标示目应与实物相符	√		
			b. 芯片必须有防静电隔层放置目须密封	√		
		4. 电气	a. 对用拷贝机检读其存该符号型号相符且能拷贝内容或刷新重拷为OK	\		
			b. 对IC直接与应之产品插装功能应与该符号相符且能拷贝内容且能拷贝测试电脑测试，整体功能OK（参照测试标准）	√		
		5. 浸锡	a. 焊端与引脚可焊锡度不低于90%	√		
		6. 清洗	a. 经超声波清洗后丝印不得有严重模糊不清或无法辨识		√	MI
			b. 经超声波清洗后丝印有轻微模糊不清但仍能辨别其规格		√	

编制：　　　　　　　　　　　　　　审批：　　　　　　　　　　　　　　批准：

工作文件				文件编号		
生效日期			来料检验标准	版次		
				页次	第 7 页	共 23 页
物料名称	检验项目		品 质 要 求	缺陷判定		
			检验方法：在距 40W 荧光灯 1～1.2m 光线内，眼睛距物 20～30cm，视物约 3～5s 检验依据：MIL-STD-105E-II　MA:0.65　MI:1.5	MA	MI	
No.						
7	晶振	1. 尺寸	a. 高度/脚距尺寸不允许超出图面公差范围			MI
		2. 外观	a. 表体丝印需清晰可辨且型号、方向标示无误，且经超声波清洗后无掉落，模糊不清无法辨别其规格	√		
			b. 经超声波清洗后丝印有掉落可辨别其规格		√	
			c. 本体无残缺、生锈、变形、底座与外壳焊接应牢固无缝隙	√		
			d. 引脚应无氧化、断裂、松动	√		
		3. 包装	a. 必须用胶带密封包装	√		
			b. 外包装需贴有明显物品标示且应与实物相符	√		
		4. 电气	a. 量测其各引脚间无开路、断路	√		
			b. 与应之产品插装进行上网测试整体功能OK（参照测试标准）	√		
		5. 浸锡	a. 焊端/引脚可焊锡度不低于90%	√		
		6. 清洗	a. 经超声波清洗后丝印无掉落，模糊不清无法辨别		√	
			b. 经超声波清洗后丝印有轻微模糊但仍能辨别其规格		√	
编制：			审批：	批准：		

工作文件			文件编号		
生效日期		来料检验标准	版次		
			页次	第8页	共23页
物料名称	检验项目	检验方法：在距40W荧光灯1～1.2m光线内，眼睛距物20～30cm，视物约3～5s 检验依据：MIL-STD-105E-II MA:0.65 MI:1.5			
		品 质 要 求	缺陷判定		
			MA		MI
No.	1. 尺寸	a. 长/宽/脚距尺寸不得超出图面公差范围	V		
	2. 外观	a. 表面丝印需清晰可辨且型号、方向标示清楚无误	V		
		b. 本体无残缺、破裂、严重氧化、断裂、松动	V		
		c. 引脚轻微氧化不影响直接焊接			V
	3. 包装	a. 外包装需贴有明显物品标示目应与实物相符	V		
8		b. 必须用泡沫盒盘装置方向一致			V
互感器	4. 电气	a. 量测其初/次级线圈应无开路或阻值不符（依样品）	V		
		b. 量测其初/次级线圈阻值比应与型号、特性相符	V		
		c. 与应对型号产品插装进行电脑上网测试（依测试标准）	V		
	5. 浸锡	a. 焊端/引脚可焊锡度不低于90%	V		
	6. 清洗	a. 经超声波清洗后丝印无掉落，模糊无法识别，保护膜无视格，保护膜无损伤，无残缺	V		
		b. 本体经超声波清洗后丝印模糊仍可辨别其模糊无视格，保护膜无损伤，无残缺			V

编制：　　　　　　　　　　审批：　　　　　　　　　　批准：

工作文件	来料检验标准			文件编号		
生效日期				版次		
	检验方法：在距 40W 荧光灯 1～1.2m 光线内，眼睛距物 20～30cm，视物约 3～5s			页次	第 9 页	共 23 页
物料名称	检验依据：MIL-STD-105E-II MA:0.65 MI:1.5			缺陷判定		
No.	检验项目		品 质 要 求	MA		MI
9	电感磁珠	1. 尺寸	a. SMT 件长/宽/高允许公差范围±0.2mm	√		
			b. DIP 件长/直径（圆体）/脚径允许公差范围为±0.25mm	√		
		2. 外观	a. 电感色环标示必须清晰无误	√		
			b. 本体无残缺、剥落、变形	√		
			c. 焊端/引脚不得有严重氧化及沾染有碍焊接之异物			√
			d. 焊接端轻微氧化但不影响其焊接			√
		3. 包装	a. 外包装端有明显物品标示与实物相符	√		
			b. SMT 件必须用密封盘装且不允许中断少数现象	√		
		4. 电气	a. 量测其线圈应无开路	√		
			b. 与对应之产品焊接进行电脑测试，整体功能 OK（参照测试标准）	√		
		5. 浸锡	a. 焊端/引脚可焊锡度不低于 90%	√		
		6. 清洗	a. 经超声波清洗后色环不得有脱落或偏移 1/4 原始位置	√		

编制：　　　　　　　　　　　　审批：　　　　　　　　　　　　批准：

工作文件			来料检验标准		文件编号	
生效日期					版次	
					页次	第 10 页 共 23 页
No.	物料名称	检验项目	检验方法：在距 40W 荧光灯 1～1.2m 光线内，眼睛距物 20～30cm，视物约 3～5s 检验依据：MIL-STD-105E-Ⅱ MA:0.65 MI:1.5			
			品　质　要　求	MA	MI	缺陷判定
10	继电器	1. 尺寸	a. 长/宽/高/脚距尺寸不得超出图面公差范围	√		
		2. 外观	a. 表面丝印需清晰可辨，型号、内容清楚无误		√	
			b. 本体无残缺、变形		√	
			c. 表体划伤长不超过 2mm，深度不超过 0.1mm，整体不得超过 2 条	√		
			d. 表体丝印轻微氧化模糊但可辨其规格		√	
			e. 引脚无严重氧化，断裂、松动	√		
			f. 引脚轻微氧化不影响其焊接		√	
		3. 电气	a. 量测其各通/断接点及线圈阻值必须与对应型号相符，整体装上网测试功能 OK（依测试标准）	√		
		4. 包装	a. 与对应型号产品插装 OK（依测试标准）	√		
			a. 外包装需贴有明显物品标示与实物相符	√		
			b. 必须用塑料管装，且方向一致		√	
		5. 浸锡	a. 焊端引脚可焊锡度不低于 90%	√		

编制：　　　　　　　　　　审批：　　　　　　　　　　批准：

工作文件			来料检验标准	文件编号		
生效日期				版次		
物料名称				页次	第 11 页	共 23 页
No.	检验项目		检验方法：在距 40W 荧光灯 1～1.2m 光线内，眼睛距物 20～30cm，视物约 3～5s 检验依据：MIL-STD-105E-II　　MA:0.65　　MI:1.5	缺陷判定		
			品　质　要　求	MA		MI
11	1. 尺寸	a.	SMT 件长/宽/高/脚距允许公差范围 +0.2mm	∨		
		b.	DIP 件长/宽/高/脚距允许公差范围为 +0.25mm	∨		
	2. 外观	a.	印刷丝印需清晰可辨目内容，方向标示无误	∨		
		b.	本体无残缺、破裂、变形，引脚间距均匀，无断脚，翘脚及严重氧化现象	∨		
		c.	引脚轻微氧化不影响焊接			∨
滤波器	3. 包装	a.	外包装需贴有明显物品标示目应与实物相符	∨		
		b.	必须用塑料管装且方向放置一致	∨		
	4. 电气	a.	与对应之产品焊接进行电脑测试，整体功能 OK（参照测试标准）	∨		
	5. 浸锡	a.	引脚可焊性面积不少于 75%	∨		
	6. 清洗	a.	经超声波清洗后丝印有严重模糊不清或无法辨识	∨		
		b.	经超声波清洗后丝印轻微模糊但仍能辨别其规格			∨

编制：　　　　　　　　　　　审批：　　　　　　　　　　　批准：

工作文件		来料检验标准		文件编号		
生效日期		检验方法：在距40W荧光灯1～1.2m光线内，眼睛距物20～30cm，视物约3～5s		版次		
		检验依据：MIL-STD-105E-II MA:0.65 MI:1.5		页次	第12页	共23页
No.	物料名称	检验项目	品 质 要 求	缺陷判定		
				MA	MI	
12	USB头卡座插座	1. 尺寸	a. 长/宽/脚距/孔径尺寸不允许超出图面公差范围	√		
		2. 外观	a. 本体应无残缺、划伤、变形	√		
			b. 引脚无断裂、生锈、松动	√		
			c. 引脚表体划伤不超过1cm,非正面仅允许不超过2条		√	
			d. 插座本微氧化不影响焊接		√	
		3. 包装	a. 外包装需贴有明显物品标示且应与实物相符		√	
		4. 电气	a. 量测其各脚通、断接点导电性能必须良好	√		
		5. 浸锡	a. 焊端/引脚可焊锡度不低于90%	√		
		6. 清洗	a. 本体经清洗后不得有蚀痕及腐化现象	√		
		7. 试装	a. 与对应配件对接插无不匹配之情形	√		
13	激光模组	1. 尺寸	a. 长/宽/定位尺寸,不得超过结构图规定的公差范围	√		
		2. 外观	a. 板面电源SR/SC接线端必须有明显标识,且板面须清洁,元件无破损、变形	√		
			b. 电源板电板面轻微污秽(助焊类)不影响功能及装配		√	
		3. 包装	a. 单板必须用防静电袋装且成箱需用纸垫隔层放置	√		
			b. 外包装需贴有明显物品标示且应与实物相符	√		
		4. 电气	a. 测量其激光组模组功率需与对应产品的功率参数范围相符合	√		
			b. 与对应产品配件组装后测试无异常	√		
编制：				审批：	批准：	

工作文件				来料检验标准		文件编号		
生效日期						版次		
物料名称		检验项目		检验方法：在距 40W 荧光灯 1～1.2m 光线内，眼睛距物 20～30cm，视物约 3～5s 检验依据：MIL-STD-105E-Ⅱ MA:0.65 MI:1.5		页次	第 13 页	共 23 页
No.				品 质 要 求		缺陷判定		
						MA	MI	
14	充电电池（电源）	1. 尺寸		a. 长/宽/高尺寸不得超出图面公差范围			V	
		2. 外观		a. 成品电池外壳应无破损，接头无生锈、氧化			V	
				b. 绝缘纸包裹无破损，无脱落连接线不露铜			V	
				c. 线材无严重划伤及沾染有异色不可擦拭污秽			V	
		3. 包装		a. 外包装需贴有明显物品标示且应与实物相符			V	
		4. 电气		a. 测量其电阻值必须与标示对应之产品 BOM 要求相符			V	
				b. 测其电源电压必须与对应产品要求相符			V	
				c. 与对应产品组装测试老化试验应无异常			V	
编制：				审批：		批准：		

工作文件			来料检验标准				文件编号		
生效日期							版次		
物料名称			检验方法：在距 40W 荧光灯 1～1.2m 光线内，眼睛距物 20～30cm，视物 3～5s				页次	第 14 页 共 23 页	
			检验依据：MIL-STD-105E-II　MA：0.65　MI：1.5				MA	MI	缺陷判定
No.		检验项目	品 质 要 求						
		1. 尺寸	a. 外形长/宽/高/定位孔距/孔径不得超出结构图规定的公差范围				√		
			检查项目	区域	不良直径	允许数	相互同距		
			a. 刮花、刮伤	正、反面	L≤1.0mm	2	不在同一位置	√	
				侧面	L≤1.5mm	3	不在同一位置	√	
			b. 杂色	正、反面	D≤0.2mm	2	不在同一位置	√	
				侧面	D≤0.3mm	3	不在同一位置	√	
			c. 顶白、发白	正、反面	D≤0.4mm	2	不在同一位置	√	
				侧面	D≤0.5mm	3	不在同一位置	√	
			d. 水纹印	正、反面	D≤2.0mm	2	不在同一位置	√	
				侧面	D≤2.5mm	3	不在同一位置	√	
			e. 起泡、气泡	正、反面	D≤0.2mm	2	不在同一位置	√	
15	塑胶件			侧面	D≤0.3mm	3	不在同一位置	√	
		2. 外观	检查项目	品质要求					
			f. 缩水	严重缩水，手感不平，影响外观及装配			√		
			g. 变形	放置不平稳，装配不严密，间隙超过 0.5mm，不可接受			√		
			h. 油污	手感油腻，影响外观喷油，丝印及装配的			√		
			i. 色差	在同一环境，同一产品，与色卡或样板有明显偏听偏差的，不可接受				√	
			j. 披峰	表面粗糙，边缘刮手，严重影响外观，不可接受				√	
			K. 碰伤	整体外观有明显碰伤，压伤，变形，直接影响外观，不可接受				√	
			l. 离缝、缝大	裂缝大于 0.3mm，手感刮伤，影响整体外观，不可接受				√	
			m. 错位	错位大于 0.3mm，且直接影响质量的不可接受				√	
		3. 包装	a. 标识不明，数目不清					√	
			b. 漏装，受压直接影响质量的偏差超过 0.5mm					√	
		4. 试装	a. 外壳与 PCB 板定位偏差不得超过 0.5mm				√		
			b. 与对应产品实际组装完好，无明显偏显				√		

编制：　　　　　　　　　　　　　　　审批：　　　　　　　　　　　　　　　批准：

来料检验标准

工作文件				文件编号		
生效日期				版次		
No.	物料名称	检验项目	检验方法：在距 40W 荧光灯 1～1.2m 光线内,眼睛距物 20～30cm,视物约 3～5s 检验依据：MIL-STD-105E-II MA:0.65 MI:1.5		页次 第 15 页 共 23 页	缺陷判定
			品 质 要 求	MA		MI
16	金属件（包括电镀件）	1. 尺寸	a. 外形尺寸不得超出结构图形规定的公差范围	√		
			检查内容	区域	不良直径	允许数	相互间距
		2. 外观	a. 刮花、刮伤	正、反面	L≤1.0mm	2	不在同一位置	√	
				侧面	L≤1.5mm	3	不在同一位置	√	
			b. 杂色、麻点	正、反面	D≤0.2mm	2	不在同一位置	√	
				侧面	D≤0.3mm	3	不在同一位置	√	
			c. 针孔	正、反面	D≤0.15mm	3	不在同一位置	√	
				侧面	D≤0.5mm	3	不在同一位置	√	
			d. 起泡	正、反面	D≤0.15mm	2	不在同一位置	√	
				侧面	D≤0.2mm	3	不在同一位置	√	
			e. 脱漆	正、反面	D≤0.15mm	1	不在同一位置	√	
			f. 掉电镀	侧面	D≤0.2mm	1	不在同一位置	√	
				正、反面	D≤0.15mm	2	不在同一位置	√	
			检查项目	品质要求			
			g. 色差	在同一环境、同一批产品、与提供的样品有明显颜色偏差的,不可接受			√
			h. 油污	表面油腻,直接影响外观,喷油丝印及装配,不可接受			√
			i. 变形、翘件	放置不平稳,装配不严密,翘起超高 0.5mm,不可接受			√
			j. 披峰	表面粗糙,边缘刮手,严重影响外观,不可接受			√
			K. 碰伤	整体外观有明显碰伤,压伤,变形,手感刮手,直接影响整体外观,不可接受			√
			l. 错位	错位偏差大于 0.2mm,手感刮手,变色,而且经整洗清后,残留有印,不可接受			√
			m. 生锈、氧化	表面有明显生锈,氧化,等直接影响质量的,不可接受			√
		3. 包装	a. 标识不明,混装,数目不清,受压,等直接影响质量的,不可接受				√
		4. 试装	a. 与对应的产品组装后间/孔隙不得大于 0.8mm			√	

编制： 审批： 批准：

来料检验标准

工作文件				文件编号		
生效日期				版次		
				页次	第 16 页	共 23 页

检验方法：在距 40W 荧光灯 1～1.2m 光线内，眼睛距物 20～30cm，视物约 3～5s

检验依据：MIL-STD-105E-Ⅱ　MA:0.65　MI:1.5

No.	物料名称	检验项目		品　质　要　求	缺陷判定	
					MA	MI
17	包装盒彩盒（内盒）卡纸	1. 尺寸	a.	外形长/宽/高及内空尺寸偏差不超过 2mm（依图面公差）	√	
		2. 外观	a.	丝印必须清晰无误、色彩亮泽、纹理清楚	√	
			b.	异色不良、扎合不良、粘合不良、上光不良、刮伤、色差、油渍、体污	√	
			c.	印刷不良，严重重影、模糊不清，无法辨别其内容	√	
			d.	印刷不良带轻微模糊可视出内容		√
			e.	体污易视出，不可擦拭、划伤超过 5mm 并在正反面易觉之处	√	
			f.	纸张不允许有撕裂、破损	√	
			g.	纸张不得有明显水分或手感潮湿	√	
		3. 包装	a.	材料包装应无破损、体污		√
		4. 试装	a.	内、外盒间边间隙不大于 1.2mm		√
			b.	内、外盒组装无过分松动或碟面划伤	√	
18	光盘	1. 外观	a.	本体要求无破损、变形、读碟面划伤	√	
			b.	版面印刷不得有异色或模糊不可识别现象	√	
		2. 包装	a.	外包装需贴有明显物品标示且实物相符	√	
		3. 电气	a.	查看其程序内容必须对应产品型号驱动程序相符	√	
			b.	与对应产品进行实际安装程序无误	√	

编制：　　　　　　　　　　　　审批：　　　　　　　　　　　　批准：

来料检验标准

文件编号：
版次：
第 17 页　共 23 页

检验方法：在距 40W 荧光灯 1～1.2m 光线内，眼睛距物 20～30cm，视物约 3～5s
检验依据：MIL-STD-105E-Ⅱ　MA:0.65　MI:1.5

No.	物料名称	检验项目	品　质　要　求	页次 缺陷判定 MA	MI
19	说明书规格书	1. 尺寸	a. 长宽尺寸不得超出图面设计的公差范围	∨	
		2. 外观	a. 丝印清晰，内容无误	∨	
			b. 版面不允许有异色、油污		∨
			c. 纸张不允许有压皱，严重划伤、破损	∨	
			d. 纸张不允许有明显水分或潮湿	∨	
			e. 印刷内容不允许有重影、多页、少页或重页	∨	
		3. 包装	a. 外包装需贴有明显物品标示应与实物相符	∨	
			b. 材料包装须无破损、体污		∨
20	光盘套	1. 尺寸	a. 长/宽尺寸不允许超出图面公差范围	∨	
		2. 外观	a. 表面不允许划伤、破损、压皱	∨	
			b. 纸张不得有异色、油污	∨	
			c. 纸张不允许有手感潮湿或明显之水分	∨	
		3. 试装	a. 与光盘套装无过松或过紧现象		∨
21	标贴贴纸	1. 外观	a. 外包装须有明显物品标示应与实物相符	∨	
			b. 切割线无明显切偏，漏切	∨	
			c. 纸张无压皱、变形及破损	∨	
		2. 试装	a. 试贴无粘贴度	∨	
22	外箱	1. 尺寸	a. 量测其长/宽/高尺寸中来回符合吱规格要求，偏差不大于 5mm	∨	
		2. 外观	a. 印刷内容必须清楚无误	∨	
			b. 纸张无污秽及纸质无手感、潮湿	∨	
			c. 纸张无压皱、变形及破损		∨
		3. 试装	a. 装上彩盒后箱内间隙不得大于 1cm		∨

生效日期：　　　　　　　编制：　　　　　　　审批：　　　　　　　批准：

工作文件			来料检验标准	文件编号		
				版次		
生效日期			检验方法：在距 40W 荧光灯 1～1.2m 光线内，眼睛距物 20～30cm，视物约 3～5s 检验依据：MIL-STD-105E-II　　MA：0.65　　MI：1.5	页次	第 18 页	共 23 页
No.	物料名称	检验项目	品　质　要　求	MA	缺陷判定	MI
23	PE袋 塑封袋	1. 尺寸	a. 量测其长/宽/厚度尺寸须与BOM表相符	∨		
		2. 外观	a. 丝印清晰，内容相符	∨		
			b. 无严重划伤及破损现象	∨		
			c. 轻微划伤无破损			∨
24	螺丝	1. 尺寸	a. 测量其长/直径尺寸必须与BOM表规格要求相符	∨		
		2. 外观	a. 本体无生锈，破损，脏污等	∨		
			b. 螺丝纹牙无断，滑牙等现象	∨		
		3. 试装	a. 与对应产品组装无滑牙，打不进或无法匹配之现象	∨		
			b. 插脚应无氧化，生锈，断裂，歪曲之现象	∨		
25	按键 开关	1. 外观	a. 外壳应无生锈，变形	∨		
			b. 外表有无脏污现象	∨		
			c. 规格符合BOM表上规定的要求	∨		∨
		2. 结构	a. 接点通/断状态与开关切换相符合	∨		
			b. 切换片应无切换不顺无现象及手感受不良等现象	∨		∨
编制：			审批：	批准：		

工作文件			文件编号		
生效日期			版次		
		来料检验标准	页次	第 19 页	共 23 页
No.	物料名称	检验项目			缺陷判定
		检验方法：在距 40W 荧光灯 1～1.2m 光线内,眼睛距物 20～30cm,视物约 3～5s 检验依据：MIL-STD-105E-II　MA:0.65　MI:1.5	MA		MI
		品　质　要　求			
28	PCB	1. 线路部分 a. 线路不允许有断路、短路 b. 线路边缘毛边长度不得大于 1mm,缺角或缺损面积不得大于原始线路宽 10% c. 不允许 PCB 有翘起大于 0.5mm(水平面) d. 线路宽度不得小于原始线路宽的 80% e. 焊盘偏移及焊盘受损,不得大于原始焊盘规格的 20% f. 线路补线不得多于 2 条,其长度小于 3mm,不允许相邻线路同时补线,且补线经锡炉及高温烘烤后,线路及防焊漆不得有剥落、起泡现象 g. 金手指、芯片处之焊盘拒绝绝缘线路之修补 h. 非线路之导体(残铜)须离线路 2mm 以上,面积必须小于 1mm 长度小于 2mm,且不影响电气性能 i. 焊盘部分不得有严重氧化、露铜及沾有油污等有碍焊盘上锡之异物 j. 露铜面积不得大于 2mm,相邻两线路间不许同时露铜 l. 防焊面划伤长度不得大于 1cm,露铜刮伤长度不得大于 5mm 且单面仅允一条 m. 金手指必须呈金黄色,不得有明显之变色发黑 n. 金手指部分不允许有沾锡、露铜、露镍等现象 o. 金手指部分不允许有针孔、边缘齿状或划伤 p. 镀金面不允许有压底材有压层不紧、明显之分层现象 q. 不允许任何基板材有裂痕、断裂现象 r. 不允许任何基板面不允许有大面积油污、水纹等不洁油污 s. 防焊漆表面不允许有大面积油差粘着力差或产生气泡而脱落 t. 不允许有防焊漆粘着力差或产生气泡而脱落	V V V V V V V V V V V V V V V		V V V V V
编制：		审批：		批准：	

工作文件		来料检验标准		文件编号		
生效日期				版次		
		检验方法：在距 40W 荧光灯 1～1.2m 光线内，眼睛距物 20～30cm，视物约 3～5s		页次	第 20 页	共 23 页
物料名称		检验依据：MIL-STD-105E-Ⅱ　MA:0.65　MI:1.5		缺陷判定		
No.	检验项目	品　质　要　求		MA	MI	
28	PCB	2. 结构尺寸	a. 尺寸规格须按承认书中规定之成型尺寸，图中标注明确之尺寸、厚度规格及允许之公差	√		
			b. 焊盘镀金或镀锡须符合承认书中规格要求	√		
			c. 钻孔须依承认书中规定之孔径规格及允许公差	√		
			d. 必须把 PCB 型号、版本等重要标识性文字以印刷或刻蚀方式标注于版面明显之位置	√		
			e. 零件面之文字、元件料号，符号等标识不得有残缺，无法辨认之情形		√	
		3. 高温试验	a. 基板经回流焊（180～250℃）后，防焊漆不得有起泡、剥落、变形、变色、锡痕、锡渣、沾污等现象	√		
		4. 清洗	a. 清洗后板面印字防护漆不得有胶节现象	√		
			b. 清洗后板面元件、焊点不允许有发白现象	√		
			c. 清洗不允许有影响性能、外观等不良现象		√	
		5. 包装	a. PCB 来料必须用真空包装方式包装（另提供防潮干燥剂）	√		
			b. PCB 批量来料允许提供超出 10%打差的不良品	√		
			c. PCB 每片连板允许提供超出 25%打差的不良品		√	
			d. 外包装上必须有型号、规格、数量、生产日期等标识	√		
29	吊绳	1. 尺寸	a. 长/宽/厚尺寸不得超出图纸规定公差范围.	√		
		2. 外观	a. 表面不允许严重拉丝、接线头线和烂线	√		
			b. 吊绳上不得有油污、杂色、潮湿.	√		
			c. 卡口不能出现卡不住、脱卡、断卡、松、紧等不良	√		
			d. 丝印应保持清晰不模糊，不倒印.		√	
		3. 试装	a. 试装线头适中，不偏短、不偏长.		√	

编制：　　　　　　　　　　　　　审批：　　　　　　　　　　　　　批准：

工作文件			来料检验标准	文件编号		
生效日期				版次		
				页次	第 21 页	共 23 页
No.	物料名称	检验项目	品 质 要 求	缺陷判定		
			检验方法：在距 40W 荧光灯 1～1.2m 光线内，眼睛距物 20～30cm，视约 3～5s	MA	MI	
			检验依据：MIL-STD-105E-Ⅱ　　MA:0.65　　MI:1.5			
30	连接线 USB 灯线	1. 尺寸	a. 长度尺寸应符合工程图纸规定要求范围		√	
		2. 外观	a. 表面不允许破损、划伤、露铜		√	
			b. 引脚无断裂、生锈、松动		√	
			c. 引脚轻微氧化不影响使用		√	
		3. 电气	a. 测量端口引脚是否接触良好		√	
			b. 通电后灯光亮度应保持均一致		√	
		4. 试装	a. 捕拔松紧度手感良好		√	
			b. 不会接触不良，不影响性能使用		√	
31	液晶屏	1. 尺寸	a. 长/宽/厚尺寸不得超出图纸公差范围		√	
		2. 外观	a. 本体应无破损、残缺、划伤、漏液、黑点		√	
			b. 排线引脚连接良好、不偏位		√	
			c. 封胶均匀、无气孔		√	
		3. 包装	a. 不受压、不叠放、不潮湿、标识清楚		√	
		4. 电气	a. 通电测试、显示完整、不缺划、不模糊不清		√	
			b. 不显示重影、暗淡		√	
		5. 试装	a. 符合成品装配尺寸要求		√	

编制：　　　　　　　　　　审批：　　　　　　　　　　批准：

工作文件			来料检验标准	文件编号	
生效日期			检验方法：在距 40W 荧光灯 1～1.2m 光线内，眼睛距物 20～30cm，视物约 3～5s 检验依据：MIL-STD-105E-Ⅱ MA:0.65 MI:1.5	版次	
				页次	第 22 页 共 23 页
No	物料名称	检验项目	品 质 要 求	MA	缺陷判定 MI
32	纳米镜片	1. 尺寸	a. 长/宽/厚尺寸不允许超出规定公差范围	√	
		2. 外观	a. 镭射丝印缺划、断笔划、模糊不清		√
			b. 粘胶不牢固，有松动、脱开现象		√
			c. 镜片残缺、破损、划伤		√
		3. 试装	a. 试装尺寸合适、不松动、不脱裂、不模糊		√
			b. 显示部分必须在镜片的可视窗范围内		√
		4. 包装	a. 不叠压、不潮湿、不脱放，而且目应标识清楚	√	
33	背光片	1. 尺寸	a. 长/宽/厚尺寸不得超出图纸规定的公差范围		√
		2. 外观	a. 连线长度应符合图纸规定的公差范围		√
			b. 连线不能虚焊、脱焊		√
		3. 电气	a. 表面无刮伤、黑点、脱皮		√
			b. 通电后灯光、颜色均匀一致、不漏光		√
		4. 包装	a. 整洁干净，不受压		√
			b. 标志与实物相符		√
34	耳机线	1. 尺寸	a. 长/宽/厚尺寸不得超出图纸公差范围		√
		2. 外观	a. 耳机插头、生锈、松动、脱壳		√
			b. 耳机线严重损伤、喇叭罩脱落		√
			c. 线材严重损伤、沾污、杂色		√
		3. 电气	a. 无播放、单声道、无立体声、有杂音		√
		4. 包装	b. 外包装标志应与实物相符		√
			b. 库存时必须装好胶袋与空气隔离		√

编制：　　　　　　　　审批：　　　　　　　　批准：

工作文件				文件编号	
生效日期		来料检验标准		版次	
				页次	第 23 页 共 23 页
No.	物料名称	检验项目			缺陷判定
		检验方法：在距 40W 荧光灯 1～1.2m 光线内，眼睛距物 20～30cm，视物约 3～5s			
		检验依据：MIL-STD-105E-II MA：0.65 MI：1.5		MA	MI
			品 质 要 求		
35	电池弹簧 金属弹片	1. 尺寸	a. 外形尺寸不得超出结构图规定的公差范围		
		2. 外观	检查内容	品 质 要 求	
			a. 生锈	表面有明显生锈，经清洁后残留明显印迹，不可接受	
			b. 氧化	表面有明显氧化、发白、发灰等不良现象	
			c. 变色	表面颜色不一致，同一批颜色不一致	
			d. 弹力差	手感弹力弱小，无弹力，影响功能使用	
			e. 油污	表面油腻，不上锡影响功能使用	
			f. 不上锡	本体材质不上锡，难上锡，上锡不良等	
		3. 包装	a. 标志不明，数目不清，不可接受		
			b. 受压、变形等直接影响质量的包装		
36	外购半成 品，成品		按本公司相关检验标准执行		

编制：　　　　　　　　　　　审批：　　　　　　　　　　　批准：